广东省哲学社会科学“十三五”规划学科共建项目
（项目批准号：GD18XYJ25）

广东省高职院校高水平专业群“旅游管理专业群”建设项目
（立项编号：GSPZYQ2020142）

广东省普通高校重点科研平台和科研项目“青年创新人才类”
（项目编号：2018GWQNCX121）

U0791815

基于生态位及DEA模型的广东旅游发展态势及经营效率研究与实践

张颖／著

Research and Practice of Guangdong Tourism Development Trend and Operation Efficiency Based on Ecological Niche and DEA Model

东北财经大学出版社 大连
Dongbei University of Finance & Economics Press

图书在版编目（CIP）数据

基于生态位及DEA模型的广东旅游发展态势及经营效率研究与实践 / 张颖著. —大连：东北财经大学出版社，2021.7

ISBN 978-7-5654-4262-9

Ⅰ. 基… Ⅱ. 张… Ⅲ. 地方旅游业-旅游业发展-研究-广东 Ⅳ. F592.765

中国版本图书馆CIP数据核字（2021）第139451号

东北财经大学出版社出版

（大连市黑石礁尖山街217号 邮政编码 116025）

网　址：http://www.dufep.cn

读者信箱：dufep@dufe.edu.cn

大连天骄彩色印刷有限公司印刷　东北财经大学出版社发行

幅面尺寸：185mm×260mm　字数：126千字　印张：13　插页：4

2021年7月第1版　2021年7月第1次印刷

责任编辑：魏　巍　徐　群　孙　平　责任校对：田玉海

封面设计：冀贵收　版式设计：原　皓

定价：49.00元

教学支持　售后服务　联系电话：（0411）84710309

版权所有　侵权必究　举报电话：（0411）84710523

如有印装质量问题，请联系营销部：（0411）84710711

前言

生态位理论是生态学的重要理论，是指一个种群在生态系统中，在时间、空间上所占据的位置及其与相关种群之间的功能关系与作用。生态位术语由约翰逊（Johnson）最先使用，格林内尔（Grinnell）的空间生态位、埃尔顿（Elton）的营养生态位、哈金森（Hutchinson）的多维超体积生态位均为生态位理论研究的早期代表。本书针对生态位的内涵与外延开展研究，并结合广东区域旅游产业测评情况，积极开展旅游学科运用，对旅游资源生态位、旅游城市生态位进行测评及研究，并以生态位理论剖析区域旅游经济的核心生态因子、旅游资源实体聚合与分散的特征等。

本书运用生态位理论、DEA模型、ROST Content Mining及百度指数、模糊综合评价等方法，重点对基于生态位及DEA模型的广东旅游发展态势及经营效率、粤北山区弱势旅游地的发展态势与开发策略、乡村振兴战略背景下广东区域旅游资源开发与融合发展等专题进行研究，并付诸实践。

旅游城市生态位测度与DEA模型分析，是将生态位理论、DEA模型运用到区域旅游生态位判别、空间格局建构、旅游投入效率等识别体系中，其对旅游资源开发、旅游城市形象塑造、城市旅游经营效率等进行聚焦与分析，对区域旅游发展、城市旅游产业推广均具有积极意义。本书选取了广东省21个地市级城市生态位测评体系关联统计数据，围绕旅游城市竞争力生态位指标及DEA模型核心系统层，构建指标层、变量要素层，根据广东旅游经济转型升级的新特征，加入了旅行社组团出境游人数、第三产业占国内生产总值（GDP）的比重等旅游产业前沿领域研究数据指标。通过分析广东城市旅游生态位得分、生态位扩充程度与空间格局、DEA效率分析等，构建了广东3个等级类型空间格局，呈现出广州市、深圳市2个核心城市，惠州市等3个节点城市，梅州市等16个网络城市的旅游生态位空间格局。本书结合区域旅游竞合、差异化营销理论，提出广东旅游产业应该做好旅游产业规划、聚焦供给侧结构性改革、拓宽文旅融合及乡村旅游新渠道等策略，为区域旅游学术研究拓展新视野。

此外，本书还聚焦粤北山区弱势旅游地发展策略，基于生态位理论开展粤北旅游发展态势及经营效率研究，并以乡村振兴战略为背景，对粤北区域旅游资源开发、融合发展开展研究。弱势旅游地是指旅游资源和经济效益的空间分布严重偏离的区域，其本质是旅游资源品位低、可进入性差的区域。弱势旅游地是旅游地的类型之一，是区域旅游竞争比较的结果，反映了区域旅游地的旅游资源、旅游市场、旅游经济等方面的非均等化现象。在旅游地市场竞争中，旅游经济及区位条件好、资源品位优越的地区，凭借其在客源市场竞争中塑造的知名度、美誉度及品牌竞争力，成为强势旅游地；相比较而言，旅游资源禀赋少、经济基础弱、市场推广力度欠缺的区域，在日益激烈的竞争中处于相对劣势，成为弱势旅游地。本书引入弱势旅游地的概念，在旅游地空间竞争的基础上，对旅游客源市场进行专题研究，填补了广东区域旅游研究的空白。同时，运用研究成果构建了区域旅游地的市场竞争模型，剖析了差异化发展态势，对区域旅游业的不均衡发展提出了有针对性的建议。

最后，本书围绕广东旅游产业发展现状，从存在的问题入手，重点对广东区域旅游产业、粤北山区弱势旅游地的发展态势与开发策略、乡村旅游发展等领域进行研究与实践，将理论研究、实证分析、实践案例相结合，对于实施生态旅游、乡村旅游及文旅融合发展战略具有指导意义。

本书得到了广东省哲学社会科学“十三五”规划学科共建项目“基于生态位及DEA模型的广东旅游发展态势及经营效率研究”（项目批准号：GD18XYJ25）、广东省高职院校高水平专业群“旅游管理专业群”建设项目（立项编号：GSPZYQ2020142）、广东省普通高校重点科研平台和科研项目“青年创新人才类”项目“产业融合趋势下粤北山区温泉文旅资源整合与品牌建设研究”（项目编号：2018GWQNCX121）、广东省河源市哲学社会科学“十三五”规划2020年度重点项目“以宿带村”视域下河源市乡村特色民宿产业发展研究（项目编号：HYSK20Z06）的联合资助，也是以上项目的研究成果之一。

感谢河源市文化广电旅游体育局、万绿湖、巴伐利亚庄园、御临门温泉度假村、河源市民宿行业协会等提供研究案例及数据支持，感谢河源市航拍协会陈仕平会长为本书案例配图。

由于水平与视野有限，书中难免存在疏漏和不当之处，恳请各位专家、读者批评指正。

张 颖

2021年6月

目录

第 1 章　**引言/1**

1.1　研究背景与意义/3

1.2　研究方法/9

1.3　研究内容与技术路线/10

1.4　研究创新/13

第 2 章　**文献综述/17**

2.1　旅游生态位相关研究/19

2.2　DEA 模型与旅游城市效率研究/22

2.3　旅游形象非结构化测量/24

2.4　模糊综合评价分析/25

2.5　百度指数分析/27

2.6　研究评价/28

第3章 **广东旅游资源开发及产业发展概况/31**

3.1 广东旅游产业现状分析/34

3.2 基于OTA数据挖掘的广东旅游资源关注度分析/40

3.3 乡村振兴战略背景下的广东茶旅融合发展情况/42

3.4 “产业集群”视域下的广东民宿旅游发展情况/43

3.5 南粤古驿道旅游地情况分析/48

第4章 **广东旅游城市生态位与DEA经营效率实证分析/53**

4.1 评价指标构建/55

4.2 旅游生态位与DEA经营效率实证分析/61

4.3 研究评价/66

第5章 **广东旅游目的地口碑分析与民宿品牌塑造实践/79**

5.1 基于网络文本挖掘的游客口碑与舆情分析

——以广东御临门温泉度假村为例/81

5.2 数据足迹视域下的广东古驿道旅游开发及口碑分析

——以河源段为例/91

5.3 游客感知视角下旅游演艺体验满意度评价研究

——以广东巴伐利亚庄园土楼全景剧场秀《家·源》为例/128

5.4 基于AHP-模糊综合评价法的生态旅游集聚区游客满意度研究
——以广东万绿湖生态旅游集聚区为例/142

5.5 民宿微景区化集群开发与品牌塑造研究
——以河源市民宿为例/157

第6章 广东旅游资源开发与融合发展策略/163

6.1 统筹旅游产业发展规划/165

6.2 落实旅游产业供给侧结构性改革/167

6.3 策划城市旅游品牌营销/168

6.4 重视乡村旅游产业创新/169

6.5 推动生态旅游养老产业发展/176

6.6 做好游客网络舆情研究/179

第7章 研究结论及未来展望/181

7.1 研究结论/183

7.2 研究不足及未来展望/184

参考文献/187

第1章
引言

1.1 研究背景与意义

1.1.1 研究背景

（1）旅游业发展迅速

在大众旅游时代，随着经济不断发展、旅游供给侧结构性改革的加速，提高生活质量成为人们的共识与向往，休闲度假旅游日益成为普遍的生活方式之一。在全球旅游经济的发展历程中，旅游业逐渐成为朝气蓬勃的新兴产业，是许多国家和地区的支柱性产业。中国旅游业紧跟国家战略，历经40多年的发展，格局逐步展开，与国家经济发展紧密相连，地位不断提升。

文化和旅游部数据中心的统计数据显示，2019年，我国旅游经济保持持续增长，全国旅游总收入6.63万亿元，同比增长11%。2019年，我国国内旅游人数60.06亿人次，比上年同期增长8.4%；入出境旅游总人数3.0亿人次，同比增长3.1%。旅游业对国内生产总值的综合贡献为10.94万亿元，占国内生产总值总量的11.05%。旅游业的直接就业量为2 825万人，直接和间接就业总量为7 987万人，占全国就业总人口的10.31%。可以看出，旅游已经成为人们生活中不可缺少的一部分，人们的旅游方式也从原来的大众、传统的观光旅游逐步转变为包括生态旅游、文化旅游、探险旅游、休闲度假旅游等多元化主题的个性化旅游。

2016—2019年全国及广东春节旅游市场情况分析见表1-1。2015—2019年中国国内旅游人次及增速趋势如图1-1所示。

表1-1　　2016—2019年全国及广东春节旅游市场情况分析

年份	全国接待游客总人数（万人次）	全国旅游总收入（亿元）	广东接待游客总人数（万人次）	广东旅游总收入（亿元）	广东占全国旅游总收入的比例
2016	30 200	3 651	4 252.18	315.40	8.64%
2017	34 400	4 233	4 826.00	366.40	8.66%
2018	38 600	4 750	5 564.60	422.90	8.90%
2019	41 500	5 139	6 330.30	494.60	9.62%

数据来源：中国旅游研究院、广东旅游春节大数据报告等.

2020年，受新冠肺炎疫情的影响，全球旅游业蒙受巨大损失。以2019年的春节假期为例，全国旅游接待总人数4.15亿人次，同比增长7.6%；实现旅游收入5 139亿元。[1] 据旅游平台预测，按照这一增速，2020年春节旅游人数将达4.5亿人次。然而，受新冠肺炎疫情的影响，这4.5亿人次的旅游产值冻结、停摆。联合国世界旅游组织的统计数据显示，全球旅游业收入在2020年损失1.3万亿美元，损失额度是2009年受金融危机影响所致损失的11倍多。

新冠肺炎疫情后的旅游时代，健康休闲生活观悄然发生重构，短程休闲、品质消费将成为市场主流。这主要体现在以下四个方面：一是景区观光转向休闲度假，景区类型更丰富，以景区为核心延伸休闲空间，

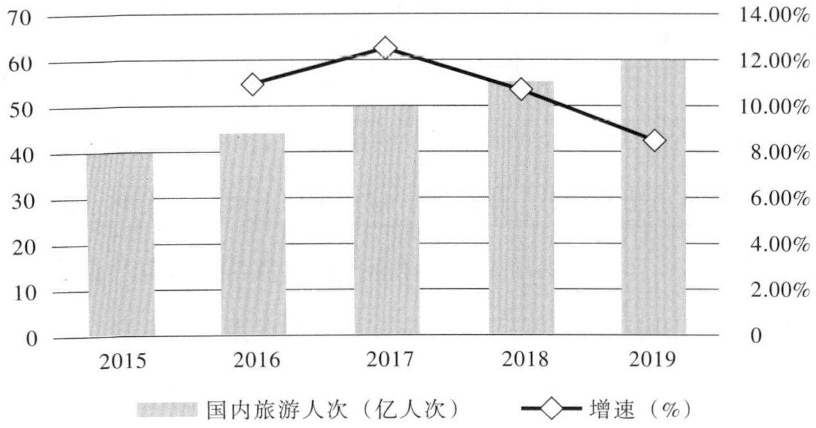

图1-1　2015—2019年中国国内旅游人次及增速趋势

数据来源：智研咨询.2020年中国节假日国内旅游人次、旅游收入及旅游产业前景预测［EB/OL］.［2020-04-23］.https://www.chyxx.com/industry/202004/854985.html.

丰富业态，带动休闲度假，更多休闲空间成为旅游目的地；二是门票经济转向产业经济，丰富了多元化的旅游产品，带动了周边消费及相关产业的发展，旅游消费经济链形成；三是单一开发转向综合开发，旅游区注重互动整合，一站式旅游综合体成为趋势，旅游驱动区域开发；四是大众旅游转向优质旅游，进入优质旅游阶段，不仅要求优质的产品供给，还要求优质的旅游市场。

（2）旅游产业呈现融合效应

旅游作为一种重要的人类社会活动，已有几千年的历史。旅游业具有产业综合效度高、集聚拉动作用强的突出特点，旅游终端消费不但会带动交通业、酒店业、餐饮业等传统产业发展，也深刻影响了金融投资、物流仓储、会展博览、文创动漫等新兴产业及现代服务业的发展。一个区域旅游产业的发展带来的联动效应是十分显著的，可以形成旅游产业内各个要素的相互交织和作用，并能够促进一线消费动力、产业投资发展、特色小镇开发等。因此，区域旅游产业效应与融合发展深受重视，尤其是“十四五”规划中的全域旅游产业规划、旅游产业综合价值提升、城市品牌打造、生态旅游效应保护等均成为热点主题。

后危机时代的旅游产业如何发展则成为全球关注的热点。众所周知，我们已经从过去的短缺时代、增量时代、传统人口红利时代转变成现在的过剩时代、存量时代与数智时代。因此，旅游行业只有打造好创意、好产品、好服务，并在消费者主权时代塑造优秀的品牌认知，才会有核心竞争力。具体而言，可以从康养度假、研学旅行、民宿旅游、乡村旅游、体育旅游等领域切入，进行旅游产品的多角度、多元化开发，促进旅游产业链转型升级。[2]

随着旅游业在文旅融合、5G+旅游、全域旅游等领域的不断革新与数字化转型的发展，在后疫情时代旅游产业变革风起云涌，如何变危机为机遇，如何让旅游产品“从解决问题到生活意义的创新、从使用产品到享受生活、从趋同消费到个性消费、从物质追求到精神愉悦”，是把握这一次变革，成就旅游城市打造、旅游产业投资、旅游景区规划、旅游企业运营的核心任务。

1.1.2　研究意义

随着旅游业的转型发展，区域旅游城市纷纷聚焦本地特色的文化及自然旅游资源。通过把握旅游发展趋势及挖掘潜力，形成城市旅游生态位态势，针对区域竞合模式的生态位研究对城市旅游业的健康、有序发展具有重要的现实意义。

本书抓住旅游资源开发投入的经营效率及生态位综合评价分析的切合点，研究粤北山区旅游产业发展的优势与不足，有利于粤北山区弱势旅游地在旅游开发中采取针对性的对策。采用生态位及DEA模型对影响城市经济效益的指标作量化分析，可以真实、有效地衡量弱势旅游地城市旅游产业投入与产出的效益，有助于粤北地区旅游产业转型发展及经济结构的有效调整。

本书的主要研究意义如下：

（1）理论意义

旅游生态位是指旅游地在特定的时空范围内，依托资源品位特点、市场潜力状况以及旅游开发环境条件，确立自身在区域旅游系统中所处的地位、发挥的作用、体现的功能及与周边旅游地的相对关系。研究成果围绕旅游生态位的主要影响因素，如旅游产品、客源市场、资源状况、目的地形象、社会环境等进行综合分析，以发展态势分析推动城市产业经济、产业结构的良性发展，具有理论上的重要创新性。

（2）实践意义

研究成果聚焦广东区域旅游资源，提出旅游生态位上的重叠是产生区域旅游竞争的重要原因，而生态位形成的推动系统包括三个部分：驱动力系统、吸引力系统和支持力系统。驱动力系统是从市场角度对旅游城市的生态位形成机制进行分析，由旅游客源市场和旅游开发情况两个方面构成。吸引力系统主要由旅游城市的自然与人文景观、旅游设施、旅游环境氛围、旅游文化等物质与非物质吸引要素构成。支持力系统主要包括为旅游业发展提供保障和支持作用的硬件环境，如城市交通、服务设施等，以及国家及地方扶持旅游业发展的政策、良好的社会环境等。

为优化广东区域旅游产业结构，促进区域旅游经济均衡协调发展，我们收集了近年来各城市旅游资源、旅游市场、社会经济、生态环境四大维度的统计数据，运用生态位理论，对广东旅游生态位发展态势、生态位扩充程度进行评测与排序。以分析结果确定综合生态位排名、核心城市，并剖析旅游业发展态势、扩充状态，研究区域旅游业的影响力情况。通过旅游生态位、DEA模型综合分析，搭建区域旅游一体化合作平台，形成产业集聚与优势互补以及旅游经济投入与产出比优化，为实现弱势旅游地的突围与转型提供针对性对策。

本书着眼于产业结构调整，从区域旅游产业发展的视角出发，将生态位及DEA作为分析模型，为地区旅游产业发展提供实践指导建议。

1.2　研究方法

本书在具体的分析过程中，采用了多种研究方法，主要包括：

（1）文献分析法

广泛收集、整理和阅读国内外关于生态位、DEA与旅游产业发展研究的相关书籍和学术期刊等，对旅游生态位、DEA旅游效率的定义、研究历程、产业运用等方面的研究成果进行全面梳理、系统分析和归纳总结，以构建本书的理论框架。

（2）田野调查法

调查者深入粤北山区（如梅州、河源、韶关、清远、云浮等）、珠三角旅游资源集聚区（如广州、深圳、东莞、佛山、肇庆等），从中观察、了解和认识上述地区的旅游产业发展特征、开发现状、产业布局、客源现状以及文旅资源挖掘现状等。田野调查工作有利于调查者对区域旅游文化进行深入研究和解释。

（3）案例研究法

借助粤北山区、广州、深圳等旅游产业开发现状研究的案例，基于生态位理论的弱势旅游地发展态势，分析其开发策略；以广东省21个地级市为例，探讨危机事件下的旅游经济重建与效率评价，并提出相应的对策和建议。

(4) 数据分析法

通过基于网络文本挖掘的广东旅游景区游客口碑提升——以御临门温泉度假村为例，数据足迹视域下的广东古驿道旅游开发——以河源粤赣古驿道为例，游客感知视角下旅游演艺体验满意度评价研究——以土楼全景剧场秀《家·源》为例，深入探讨供给侧结构性改革背景下广东旅游产业发展态势及游客感知满意度问题。

(5) 跨学科交叉研究法

综合运用管理学、生态学、旅游经济学、文化学、消费者行为学、市场营销学等相关理论，结合旅游区域数据的挖掘、调研，运用生态位理论、SPSS统计分析方法、DEA模型、ROST Content Mining、百度指数、模糊综合评价法、IPA分析法等进行交叉、整合、系统的实证研究，实现定性与定量的综合集成。

1.3 研究内容与技术路线

1.3.1 研究内容

本书通过深入研究广东城市旅游的效益有效性，聚焦旅游学研究领域，借助模型建构，衡量区域旅游产业的资源利用及发展效率。项目研究选取最新旅游统计数据，引入修正系数方法，运用生态位理论、DEA模型对广东城市旅游经营效率进行系统的评价，比对各城市的投入、产出指标，针对各城市区域旅游发展的特点与现状，结合生态位评价、城市旅游综合效率等针对性分析，提出广东旅游产业通过转型促进区域均衡发展、避免低效率区域同质化旅游产品竞争、优化城市旅游经济效益的建议。

第1章引言部分主要聚焦课题研究背景，对研究意义、研究方法、研究内容及技术路线进行阐述、归纳和总结。

第2章总结了生态位理论、DEA模型前沿理论，剖析了有关生态位理论、DEA模型的研究文献，从内涵和特点分析生态位理论、DEA模型。在此基础上，从不同角度对旅游生态位理论、DEA模型和旅游城市效率的研究情况做了具体评述。[3]

第3章研究区域概况，重点分析旅游资源开发的内涵、广东旅游产业现状，并基于OTA数据挖掘，对广东旅游资源关注度进行详细分析、案例研究。

第4章具体从生态位理论、DEA模型两个角度构建起广东区域旅游产业发展的评估指标体系。重点进行广东旅游城市生态位测评、DEA经营效率研究，对其生态位得分及排序、聚类分析树状结构、生态位空间结构等进行构建，并展开层层递进分析。

第5章聚焦广东旅游发展态势及口碑舆情分析，结合广东文旅融合赋能产业的应用与实践，运用ROST Content Mining、百度指数、模糊综合评价法、IPA分析法对广东旅游目的地口碑与品牌塑造进行有针对性的研究与分析。重点以御临门温泉度假村为例，对网络文本挖掘视域下的广东旅游景区游客口碑提升进行研究；以河源粤赣古驿道为例，研究数据足迹视域下的广东古驿道旅游开发；以土楼全景剧场秀《家·源》为例，研究游客感知视角下旅游演艺体验满意度评价。

第6章结合数据评价结果，对广东旅游资源开发与融合发展策略进行深入分析，重点提出统筹旅游产业发展规划、落实旅游产业供给侧结构性改革、策划城市旅游品牌营销、创新乡村旅游产业、推动生态旅游养老产业发展、做好游客网络舆情研究等策略，以期为广东区域旅游供给侧结构性改革、产业深化、集聚及优势互补提出有针对性的建议。

第7章为结论，包括总结、不足和展望。

1.3.2 技术路线

本书围绕国内及广东旅游产业发展现状，基于生态位理论和DEA模型进行评测，从存在的问题入手，重点对广东旅游发展态势及经营效率、粤北山区弱势旅游地发展态势及开发策略、乡村旅游发展、旅游口碑舆情等领域进行研究，运用生态位理论、DEA模型、ROST Content Mining及百度指数、聚类分析、模糊综合评价法、IPA分析等，提出落实旅游产业供给侧结构性改革与规划、推动生态旅游养老、重视乡村旅游振兴、做好游客网络舆情研究等策略，最终得到研究结论。

本书技术路线如图1-2所示。

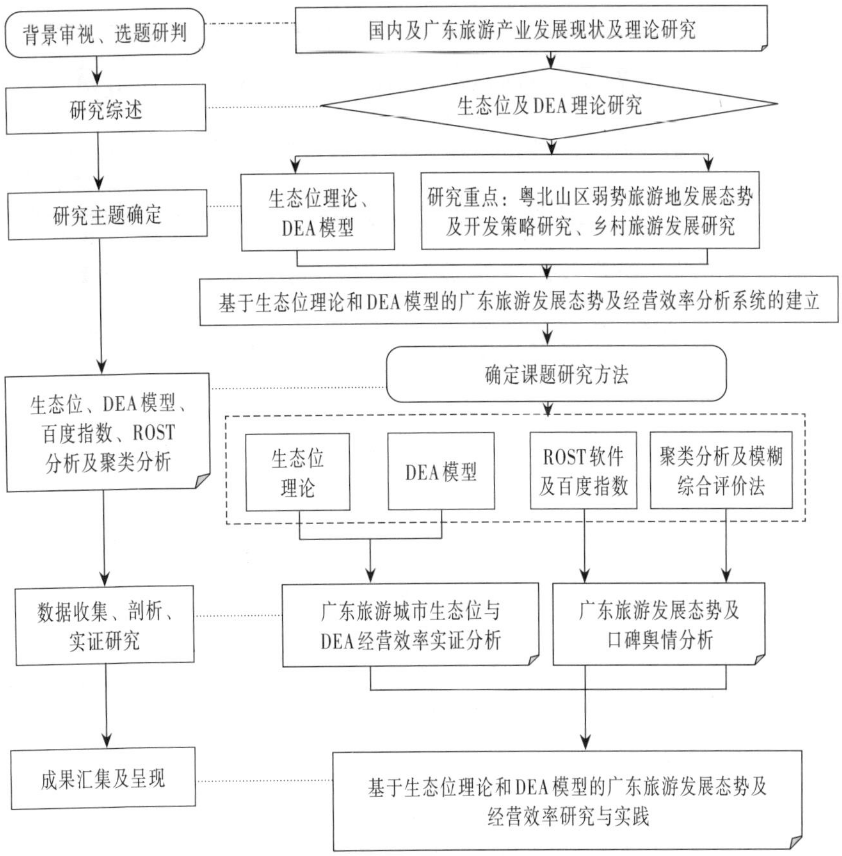

图 1-2　本书技术路线图

1.4　研究创新

本书基于生态位测评和DEA模型分析，并结合实践，对区域旅游资源开发、城市旅游品牌构建进行分析。从整体上来看，将生态位理论、DEA模型分析方法与区域旅游竞合理论相结合，为实现广东城市旅游产业的“共生、多赢”格局，提出区域协调发展、产业融合与转型等针对性策略，具有显著的创新性（如图1-3所示）。[4] 研究成果聚焦区域城市旅游业竞争力提升，对提炼具有独特性、差异性的城市旅游品牌，寻求跨城市、跨行业的合作进行策略分析等观点都具有新颖性。此外，从广东区域旅游产业发展的产业互动性和要素凝聚性角度来看，重点研究粤北山区弱势旅游地的创新、乡村旅游融合发展机制，开拓了新的研究视角和研究方法。

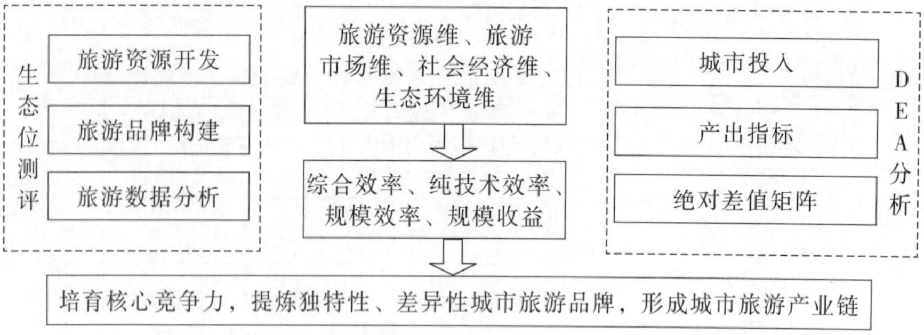

图1-3 旅游城市生态位测评与DEA城市经营效率研究路线图

（1）理论方面

本项目的理论研究基于生态位测评与DEA模型的新视角，丰富并发展了传统城市旅游产业效率的研究理论，并以粤北山区城市等典型地区为例进行实证研究，力图得出普遍适用的一般规律。

（2）实践方面

旅游城市生态位测评与DEA城市经营效率研究是全国旅游城市研

究范围内的一个新课题，也是提升旅游城市品牌、提高城市产业效率、推动区域一体化发展的重要手段。因此，提出生态位测评与DEA模型耦合研究这一新的思路并将其应用到旅游业区域协调发展研究中，对我国区域旅游产业的协调发展和高效运行具有一定的实践意义。

（3）方法方面

本项目以生态位测评与DEA模型分析作为广东城市旅游业发展研究的切入点，提出相关建议和策略。综合运用管理学、生态学、旅游经济学、文化学、消费者行为学、市场营销学等相关理论，结合广东城市旅游产业数据挖掘、调研，运用生态位理论、SPSS统计分析方法、DEA模型、ROST Content Mining等进行交叉、整合、系统实证研究，实现定性与定量的综合集成，重点分析旅游生态位的主要影响因素，如旅游产品、客源市场、资源状况、目的地形象、社会环境等，为推动城市产业经济、产业结构的良性发展提供建议。

（4）研究成果方面

本项目的研究选取广东省旅游城市近5年的统计数据，构建旅游资源、旅游市场、社会经济、生态环境4个维度及25项变量分析指标，运用生态位测评与DEA模型分析，结合区域旅游竞合理论，提出为实现广东城市旅游产业的“共生、多赢”格局，促进旅游的创新、协调、转型发展的策略。对培育城市旅游产业的核心竞争力，提炼独特性、差异性的城市旅游品牌，寻求跨城市、跨行业的合作进行策略分析，重点为促进粤北山区弱势旅游地的创新、协调发展提出针对性建议。

第 2 章

文献综述

国内外关于生态位理论、DEA模型等方面的研究论著较多，但结合区域旅游发展态势及产业经营效率，利用旅游生态位、DEA模型、旅游形象非结构化测量、模糊综合评价法及百度指数分析，进行多角度评测的相关研究较少。通过文献搜索与分析，将相关研究梳理分类为以下部分：一是旅游生态位相关研究，围绕旅游生态位理论、旅游地生态位、旅游资源生态位、生态位态势与城市竞争力等领域开展研究；[6] 二是DEA模型与旅游城市效率研究，这一部分主要运用DEA模型对旅游产业效率、旅游城市效率、旅游扶贫效率、旅游综合效率等方面进行研究；三是旅游目的地形象测量研究与实践，实现定性与定量的有机结合；四是模糊综合评价法，建立科学的旅游资源评价方法，把定性评价转化为定量评价，弥补以往旅游资源评价的不足；五是百度指数分析，选取旅游景区作为研究对象，运用网络空间关注度数据进行实证分析。

2.1　旅游生态位相关研究

2.1.1　生态位理论

生态位理论属于生态学领域的重要术语和基础理论，主要围绕生物群落中的位置、种群角色与关系、作用进行基本理论内容、生态位态势、生态位扩充或压缩等专题开展研究。自然生态学家詹森（1910）、田野生物学家格里内尔（1917）率先提出并定义了“生态位”这一术语。

生态位早期代表性研究学者及研究理论有格林内尔（Grinnell）的空间生态位、埃尔顿（Elton）的营养生态位和哈金森（Hutchinson）的多维超体积生态位等。[7] 国内学者罗小龙和甄峰（2000）将生态位理论与城乡研究结合，以南京为例，分析其城乡发展态势及空间扩展、塑造作用，并为南京城乡可持续发展提出建议。[8] 林开敏和郭玉硕（2001）从生态位概念的提出与发展及生态位测度方法、指标选择等方面开展研究。[9] 王勇和李广斌（2002）结合城市复合生态位系统，提出生态位理念可为社会学、城市规划学架起研究桥梁，以利于解释城市演化、城市间竞争。[10] 武晓辉、韩之俊和杨世春（2006）借用生态位理论，围绕区域产业集群，针对其集群规律与特点进行实证研究。[11]

近年来，李星和佟继英（2019）以生态位理论为基础，构建高技术产业评测体系，对国内各省、自治区、直辖市的产业进行测评，提出京津冀地区高技术产业创新发展策略。[12] 孙郧峰、范经云和赵军（2020）运用生态位宽度、生态位扩充压缩等模型，并通过聚类分析与空间分类，提出新疆核心城市竞合发展策略。[13]

2.1.2 旅游生态位

随着国家全域旅游及旅游供给侧结构性改革的实施，对区域整体发展态势的评价与分析显得尤其重要。利用生态位理论研究区域旅游业的旅游资源挖掘情况、旅游经济发展水平、旅游业发展及扩充趋势，尤其是对区域旅游业空间格局的研判，对传统旅游城市转型升级、新兴旅游城市跨越式发展都具有非常重要的意义。

通过中国知网（CNKI）对“生态位”“旅游”进行关键词检索可发现，从1999年7月1日到2020年12月30日，“旅游生态位”研究论文有58篇、“旅游地生态位”研究论文有27篇、“旅游资源生态位”研究论文有18篇，而基于生态位理论的区域旅游发展、竞合研究等的研究论文则达到218篇。

国内学者以生态位理论为基础，对旅游生态位理论、旅游地生态位、旅游资源生态位、生态位态势与城市竞争力等领域展开了系统、深入的研究。例如，国内学者黄芳（2001）将生态位研究与旅游区划结合，对旅游系统分工体系进行研究；[14] 祁新华等（2005）以生态位概念范式变迁为基础，剖析旅游不可持续发展情况、旅游生态位的原则和规律，提出了生态位错位开发及分离等策略；[15] 邹仁爱等（2006）以旅游地生态位的概念与原理为切入点，聚焦竞争原理、演变规律，对旅游地协调开发中的生态位对策进行了专题研究。[16]

2.1.3 基于生态位理论的区域旅游发展研究

近年来，基于生态位理论的区域旅游发展研究成为研究热点，它主要是采用生态位理论，围绕旅游生态位发展指标，测评旅游生态位及生态位扩充，研究区域旅游发展中的竞合模式、态势分析、结构优化等。

马勇、童昀（2018）以长江中游城市群为研究区域，基于生态位态势模型，借助GIS平台剖析其区域旅游发展的“态”和“势”及图谱，从而构建长江中游城市群旅游发展空间体系。[17] 曹兴华等（2018）基于生态位理论，对四川省西部区域旅游业的旅游资源、旅游市场、社会经济、生态环境等维度进行竞争力、空间格局特征、分化情况的研究，为区域旅游竞争提升贡献策略。[18] 宋竹芳、徐宁和曹妍雪（2020）结合旅游生态位评价模型，选择中国西部12省区为评价对象，以旅游空间发展模式为研究重点，为中国西部区域的旅游竞合、结构优化提出针对性的建议。[19]

2.2 DEA模型与旅游城市效率研究

2.2.1 DEA模型分析

DEA（Data Envelopment Analysis）模型是一种数据包络分析方法，最早由美国著名运筹学家A.Charnes（查恩斯）、W.W.Cooper（库伯）和E.Rhodes（罗兹）于1978年提出。[20] 目前，DEA模型综合运筹学、管理学及数理经济学形成交叉学科研究。DEA模型被广泛用于企业管理、国际贸易、投资环境评估、城市经济发展等多领域、多行业的研究中，对产业效率的分析与发展具有指导意义。

在国内的早期研究中，学者杨印生、张德骏、周克义和丁博江（1993）认为，DEA模型的应用对企业管理具有重要意义，通过企业系统纵向建模后，可为管理者的决策提供理论上的支持。[21] 宣家骥、于强和孙枫林（1994）运用DEA模型，围绕国际贸易与投资环境实施评测，对进出口贸易、投资结构优化等提出针对性的建议。[22] 田军、何德权和黄登仕（2000）以经典DEA模型为基础，实施随机输入与产出指标分析，增加评价准则，提出了多准则随机DEA评价模型。[23] 樊华（2005）应用DEA模型分析长江三角洲15个城市经济发展的有效性，对经济发展有效性和城市产业结构进行实证研究，提出城市经济发展有效性的正确途径。[24]

近年来，DEA模型研究更多地聚焦在城市绿色发展效率、可持续发展效率、宜居水平测量等领域，研究主题主要包括DEA模型效率评价、纯技术效率、Malmquist指数、数据包络分析等。例如，王婧和杜广杰（2020）运用Bootstrap-DEA模型，围绕绿色发展效率主题，对中国285个地级市实施测度，重点分析其空间分异的嵌套结构特征、空间集聚模式，并对影响绿色发展效率空间分异的关键因素进行了揭示；[25] 张燕、盛妮和蓝裕平（2020）运用三阶段SBM-DEA模型，总结提出城市可持续发展效率（Urban Sustainable Development Efficiency，USDE）评价框架，并开展粤港澳大湾区11个城市可持续发展效率的评测，提出提高城市可持续发展效率的建议；[26] 崔媛、朱卫未和淦贵生（2021）修正DEA模型，将两阶段网络DEA方法用于省份宜居水平综合评价考核中，分析宜居水平构成要素，并从DEA模型分析的目的性、系统性、可比性和适用性角度构建省域宜居水平的综合指标体系，对客观反映省域宜居水平具有学术价值和现实意义。[27]

2.2.2 基于DEA模型的旅游经济效率评价研究

英国剑桥大学经济学家法瑞尔，在1957年出版的《生产效率的度量》中，通过给出的测算标准、模型首次提出效率概念，促进了经济领域研究的深入开展。[28] 在旅游经济效率研究与评价中，效率是指在旅游投入、技术支撑条件给定情况下资源的有效利用，从而满足设定的产业目标及需求评价。[29]

近年来，国内学者基于DEA模型，对旅游经济效率进行评价的研究主要聚焦在旅游发展效率与经济增长水平协调关系、旅游资源转换效率、旅游产业的生态效率与空间效应等方面，重点分析城市旅游经济的综合效率、纯技术效率和规模效率。例如，于婷婷、左冰和宋玉祥等（2020）应用DEA模型测度国内283个地级市的面板数据，以空间计量模型为基础，分析经济综合效率的旅游业影响因素；[30] 吕洁华、刘梓田和张滨等（2020）运用三阶段数据包络分析、局部莫兰指数、空间滞后变系数回归模型，实证分析了中国旅游产业的生态效率，分析结果显示空间溢出主要为技术效率。[31]

2.3 旅游形象非结构化测量

旅游形象是旅游地吸引物、旅游服务、社会环境、自然环境等的外部表征，具有综合性、稳定性、可塑性的特点，是游客对旅游目的地各要素体验感知、情感评价的综合。[32] 生态旅游景区形象测量涉及因素众多，情况较为复杂，传统的结构性问卷调查与测量，往往受限于受调查者的个人主观选择偏好，很难对生态旅游形象进行全面的研判与评价。

国内学者杨永德等（2007）认为缺乏合理测量方式，单纯依靠文脉分析是我国旅游目的地形象测量研究与实践的最大瓶颈之一。[33] 在旅游形象非结构化测量的数据挖掘手段中，ROST Content Mining是武汉大学信息管理学院沈阳教授研发的一种内容挖掘系统软件，可以对生态旅游网络文本的分词、词频统计、情感倾向、语义网络及社会网络等进行针对性分析，从而实现定性与定量有机结合，对旅游目的地形象评价更具有说服力。[34] 例如，苗红等（2014）基于网络文本内容分析，对宁夏休闲农业开发与需求特征进行研究；[35] 宋振春等（2018）以跨文化交流视角，综合运用ROST内容挖掘系统、ROST新闻分析工具等，对中国出境旅游的社会认知开展研究，从旅游跨文化交流的角度出发，研究了中国社会对于出境旅游认知的内容、特性及其与出境旅游发展过程的关系等；[36] 胡家镜等（2019）运用ROST Content Mining进行内容分析，基于游客体验的视角对古镇慢旅游特质要素进行识别与分析，提取古镇慢旅游体验高频特征词，对古镇慢旅游的特质要素和情感效价进行剖析。[37]

2.4　模糊综合评价分析

模糊综合评价法是一种基于模糊数学的综合评价方法。该评价法根据模糊数学的隶属度理论把定性评价转化为定量评价，即用模糊数学对受到多种因素制约的事物或对象做出一个总体的评价。模糊综合评价法可以做到定性和定量因素相结合，扩大信息量，使评价信度提高、评价结论可信。模糊综合评价法具有结果清晰、系统性强的特点，能较好地解决模糊的、难以量化的问题，适合各种非确定性问题的解决。模糊综合评价法的最显著特点有：一是相互比较，以最优的评价因素为基准，其评价值为1。其余欠优的评价因素依据欠优的程度得到相应的评估价值。二是函数关系，可以依据各类评价因素的特征，确定评估价值与评价因素值之间的函数关系（即隶属度函数）。例如，黄瑞红和唐明晖（1996）运用模糊数学的方法，确定3个评价项目12个评价因子，对丹霞地貌旅游资源进行模糊综合评价，对隐式数值因子采取实地问卷调查的方法得出隶属度，对显式数值因子则采取定义隶属函数计算隶属度[38]。

旅游资源开发的模糊综合评价分析是通过构建旅游资源评价指标体系，将旅游资源评价模糊因素定量化，建立模糊综合评价模型，以得出旅游资源评价要素的量化值，并根据其数值的大小将旅游目的地按4个不同质量等级划分，以建立科学的旅游资源评价方法，从而弥补以往旅游资源定性评价和定量评价的不足。[39] 例如，张纯等（2007）运用模糊综合评价法，关注游客主观体验及其对景区的反馈评价，通过对宜昌市14个景区的问卷调查获得第一手资料，进行模糊综合评价分析，以游客对各因子满意度和关注度的排序，剖析旅游发展中服务环节薄弱、景区配套协调不足等问题；[40] 杨珧和王川（2021）以恩施贡水白柚产业为例，运用AHP-模糊综合评价法，构建恩施贡水白柚产业的农旅融合度评价指标体系，挖掘影响该产业农旅发展成效的主要因素，从而实现对农旅融合度的分析。[41]

2.5 百度指数分析

百度指数是以百度海量网民行为数据为基础的数据分享平台。百度指数可以研究设定关键词的搜索趋势、洞察网民兴趣和需求、监测舆情动向、定位受众特征，是当前互联网乃至整个数据时代最重要的统计分析平台之一。百度指数分析的数据已经成为众多企业营销决策的重要依据。在分析了海量搜索的用户行为和需求的基础上，百度指数系统化地构建出市场需求监测、竞争分析、人群洞察、广告投放与效果评估等测评体系。

国内学者李山等（2008）利用百度指数，以“用户关注度”功能为依托，搜索关键词，获得中国第一批66个5A级旅游景区的空间关注度数据，从而展开针对性统计分析。[42] 林志慧等（2012）以中国旅游百强景区排行榜为搜索对象，运用百度指数搜索获取了47个旅游景区的网络空间关注度数据，开展周内分布和季节性分布的实证研究。[43] 王琪林等（2021）围绕网络关注度，以百度指数综合分析计算出各个关键词搜索频次的加权和，从而分析法定节假日的四川旅游网络关注度时空分异及其影响因素。[44]

2.6 研究评价

梳理上述文献研究情况，可见国内外学者都围绕生态位的理论及测评、DEA模型等进行了丰富的研究。诸多研究成果已充分说明了学术界对于旅游生态位、DEA旅游效率分析、旅游形象非结构化测量、模糊综合评价分析、百度指数分析方法是相当认可的。

从研究数据抓取及分析便利的角度来看，DEA模型分析的研究内容主要集中在旅游效率、综合效率、纯技术效率分析、全要素生产率、旅游扶贫效率、城市旅游效率、旅游上市公司分析、三阶段DEA等，研究结果大多支持DEA效率分析对旅游空间结构的作用与影响。然而，目前的研究也有一定的局限性，如对模型分析的凸显，忽视了旅游产业生态空间本身的系统性。另外，研究的数据源于面板数据，关于区域旅游空间结构影响的表象，通过相关分析仅能证明二者的相关性，并不能从宏观研究的视角来深究其中的机理，以及如何使旅游生态格局发生改变，这个问题并未得到重视。

因此，从研究方法上引入生态位理论与DEA模型、旅游形象非结构化测量、模糊综合评价法、百度指数等进行定量与定性实证研究，具有重要的现实意义。研究可综合选取管理学、生态学、旅游经济学、文化学、消费者行为学、市场营销学等相关理论，进行数理统计与模型实证分析与应用。

以上研究方法中，旅游生态位是本书的重点，即将生态位理念引入区域旅游城市发展、空间体系辨识的研究方式中。生态位理念与旅游区域研究理论的叠加是多因素、多角度的融合研究，[45]其重点在于旅游资源生态位、旅游产品生态位、旅游竞合生态位研究，以旅游业的发展态势、扩充趋势测评结果为依据，分析区域旅游产业及空间格局。旅游生态位研究涉及旅游经济、旅游资源、旅游环境、产业政策、产业价值和竞争力等因素。生态位对旅游产业的推动效应包括驱动力、吸引力和支持力三个层面。[46]

综上所述，在实践中需要从旅游学、旅游经济学的角度综合运用多种研究方法，重点结合生态位理论，构建"态"和"势"两个基本属性的研究方法。"态"反映的是旅游地历经产业发展后目前所呈现的状态。"势"反映的是旅游地的更新速度、增长率、占据新生环境的能力，其体现的是一种变化趋势。[47]本书将生态位评测与DEA模型分析相结合，应用旅游形象非结构化测量、模糊综合评价法、百度指数等方法进行分析，以期为广东旅游发展及区域旅游产业领域的理论及应用研究尽绵薄之力。

第3章

广东旅游资源开发及产业发展概况

旅游资源是旅游业开发与发展的根基、前提，既包括山水、温泉、海滩等自然旅游资源，也包括名胜古迹、建筑艺术、文化体育、民族风情等人文景观资源。旅游资源的开发应该包括资源调查、资源开发潜力评价、旅游资源规划、旅游项目实施与运营等过程，尤其应该对旅游资源开发的可行性进行评估与分析，研判其是否具备旅游业接待条件、经济收益效率、社会及环境影响等综合因素，不但要对资源本体价值进行评估，还需要对资源的溢出效应、交互效应、空间特征等进行研究。[48]

旅游资源的开发，首先应该做好自然旅游资源、人文旅游资源分类核查、分级评价，对有条件的资源进行分期开发，从而促进资源优势向经济优势转化，重点发展山水游、温泉养生游、乡村游、文化游、美食游和休闲运动游等特色旅游，推动区域旅游经济的发展、产业融合与优化。其次应该以可持续发展的眼光看待资源与环境的博弈，做好有效性评测，避免冗余、无效、同质化的投资与开发，为区域旅游产业创造良好的产业依托和发展平台。

乡村旅游是以农业为基础，将第一产业与第三产业相结合，并以旅游为目的的新型旅游产业。乡村旅游的概念包含了发生在乡村地区和以乡村作为旅游吸引物的两个核心内容。我国是以农业为主体的发展中国家，大力发展乡村旅游是城乡统筹、城乡一体化发展的具体要求。既要对乡村旅游资源实施有效开发，也要对农村生态环境进行综合保护。在乡村旅游发展中，开发者需要充分协调发改、财政、自然资源、交通、商务、文化等诸多部门的力量，更好地推动旅游产业的落地与发展。政府主管部门则需要对乡村旅游规划、土地、政策等方面进行监管，重视乡村旅游的资源系统、环境系统、经济系统、管理服务系统的构建，逐步推动乡村土地的增值收益与品牌效益，同时将旅游收益反哺乡村旅游区的基础设施建设与改造，从而实现乡村产业基础、产业规模、产业资源、社区管理水平的良性平衡发展。

受新冠肺炎疫情的影响，自2020年年初以来，全国及广东旅游业经历了停摆危机，如何逆风前行，实现危机事件背景下的旅游产业资源有效开发、融合发展，切实践行旅游业供给侧结构性改革，落实旅游产业提质增效，挖掘旅游复合型产业等，均需要作为旅游产业发展的主线进行整体谋划、系统思考。本书聚焦广东旅游资源开发及区域旅游发展态势，通过生态位测评及DEA模型分析得出有效结论，以期为广东城市旅游产业有序高效发展提供建议。为了明晰广东区域旅游产业的研究现状，有必要对广东旅游产业资源开发、市场关注度进行梳理及总结，并阐述广东乡村旅游、民宿旅游、古驿道旅游等发展的新热点、新趋势。

3.1 广东旅游产业现状分析

3.1.1 广东旅游经济发展现状

广东省位于中国南岭以南，南海之滨，陆地面积约17.98万平方千米，为全国陆地总面积的1.87%，包括珠三角9市、粤东4市、粤西3

市、粤北5市，总计21个地级市。广东是中国第一经济大省，其省域经济综合实力位居全国第一、高新技术企业数量全国第一、国内生产总值连续多年全国第一、经济总量达到中等发达国家水平。2019年，广东地区生产总值达到107 671.07亿元，比上年增长6.2%，占全国比重的10.86%。2020年，广东地区生产总值达到110 760.94亿元，同比增长2.3%。自改革开放以来，广东经济发展成就显著，呈现出经济韧性强、潜力足、预期好的特点。粤港澳大湾区是广东珠三角9市与香港、澳门地区联手打造的，比肩旧金山湾区、纽约湾区、东京湾区的世界四大湾区之一，对广东经济发展具有极大的战略意义。

广东不仅是经济大省，旅游业发展水平也位居全国前列。2004—2020年，广东旅游总收入占广东地区生产总值的10.26%，广东国内旅游收入占国内旅游收入的23.8%。受新冠肺炎疫情的影响，2020年广东旅游人次、旅游收入都大幅度下降，旅游总收入仅为2019年的31%，广东接待过夜游客人数仅为2019年的43%。2004—2020年广东旅游主要指标贡献率情况分析见表3-1。

截至2021年6月，广东拥有392家A级旅游景区，其中国家5A级旅游景区15家、国家4A级旅游景区193家；在营旅行社3 164家。广东有星级饭店759家，稳居全国第一。民宿、精品酒店建设非常活跃，目前广东已经有非标住宿2万多家。2019年，广东国内旅游收入为1.37万亿元、国际旅游外汇收入为205.02亿美元、国内过夜游客数量为4.94亿人次，旅游收入水平持续位居全国第一。

表3-1　　2004—2020年广东旅游主要指标贡献率情况分析

年份	广东地区生产总值（亿元）	广东接待过夜游客人数（万人次）	广东旅游总收入[1]（亿元）	广东旅游总收入占广东地区生产总值的比例（%）	广东国内旅游收入（亿元）	国内旅游收入（亿元）	广东国内旅游收入占国内旅游收入的比例（%）
2004	18 864.62	10 508.39	1 664.05	8.82	1 219.09	4 711	25.88
2005	22 557.37	11 566.62	1 882.61	8.35	1 353.54	5 286	25.61
2006	26 587.76	12 811.25	2 120.01	7.97	1 519.74	6 230	24.39
2007	31 777.01	14 548.38	2 455.06	7.73	1 791.81	7 771	23.06
2008	36 796.71	16 192.81	2 668.00	7.25	2 029.93	8 749	23.20
2009	39 482.56	18 127.39	3 068.39	7.77	2 383.47	10 184	23.40
2010	46 013.06	21 283.05	3 809.44	8.28	2 964.59	12 580	23.57
2011	53 210.28	24 377.16	4 835.46	9.09	3 931.91	19 306	20.37
2012	57 067.92	27 416.29	5 790.61	10.15	4 804.48	22 706	21.16
2013	62 163.97	30 151.01	6 716.69	10.80	5 708.64	26 276	21.73
2014	67 792.24	32 660.55	9 227.00	13.61	8 220.00	30 312	27.12
2015	72 812.55	36 246.94	11 507.23	15.80	10 365.00	34 195	30.31
2016	79 512.05	39 718.39	10 434.18	13.12	9 200.24	394 00	23.35
2017	89 879.23	44 347.56	11 994.32	13.34	10 667.02	45 700	23.34
2018	97 277.77	49 048.06	13 612.35	13.99	12 254.99	51 300	23.89
2019	107 671.07	53 171.38	15 114.33	14.04	13 700.00	57 251	23.93
2020	110 760.94	23 021.86	4 686.80	4.23	4 524.85	22 300	20.29

数据来源：国家统计局国民经济和社会发展统计公报、广东国民经济和社会发展统计公报以及广东统计年鉴.

① 广东旅游总收入由国内旅游收入、国际旅游外汇收入两个部分构成，其中国际旅游外汇收入以当年美元对人民币汇率平均值进行测算。

3.1.2　广东旅游资源分布及开发现状

为了进一步剖析广东21个地级市旅游资源现状，设定A级旅游景区、国家级风景名胜区等8个统计指标，进行各地级市旅游资源数据比对分析（见表3-2）。由图3-1可知，在广东21个地级市旅游资源情况的分析中，A级旅游景区广州排名第一；国家级风景名胜区惠州为全省最多；国家级森林公园为韶关及梅州排名前两位；国家重点文物保护单位和国家级非物质文化遗产两项指标则是广州及潮州排名前列；国家历史文化名城广东有8个（其中雷州是唯一入选的县级市）；省文化和旅游厅公布的第一批省级乡村旅游开发资源中，梅州、韶关和揭阳排名前三位。

表3-2　**广东21个地级市旅游资源数据比对分析**　单位：个

地级市	A级旅游景区	国家级风景名胜区	国家级森林公园	国家级自然保护区	国家重点文物保护单位	国家历史文化名城	国家级非物质文化遗产	省级乡村旅游开发资源
广州	66	1	2	0	23	1	38	151
深圳	16	1	1	0	1	0	10	31
珠海	8	0	0	1	2	0	3	76
汕头	10	0	1	0	0	0	18	233
佛山	28	1	1	0	4	1	18	153
韶关	31	1	5	3	6	0	6	588
河源	16	0	1	0	1	0	4	357

续表

地级市	A级旅游景区	国家级风景名胜区	国家级森林公园	国家级自然保护区	国家重点文物保护单位	国家历史文化名城	国家级非物质文化遗产	省级乡村旅游开发资源
梅州	33	0	4	0	5	1	13	615
惠州	36	2	1	2	1	1	5	479
汕尾	9	0	0	0	2	0	12	77
东莞	25	0	1	0	5	0	13	9
中山	19	0	0	0	1	1	9	85
江门	19	0	2	0	2	0	12	45
阳江	13	0	0	0	0	0	1	47
湛江	16	1	2	3	5	1	14	215
茂名	15	0	0	1	0	0	3	12
肇庆	16	1	1	1	5	1	6	137
清远	26	0	1	1	1	0	9	302
潮州	9	0	0	0	8	1	24	86
揭阳	10	0	1	0	0	0	22	509
云浮	12	0	1	0	0	0	4	462

数据来源：广东省文化和旅游厅.

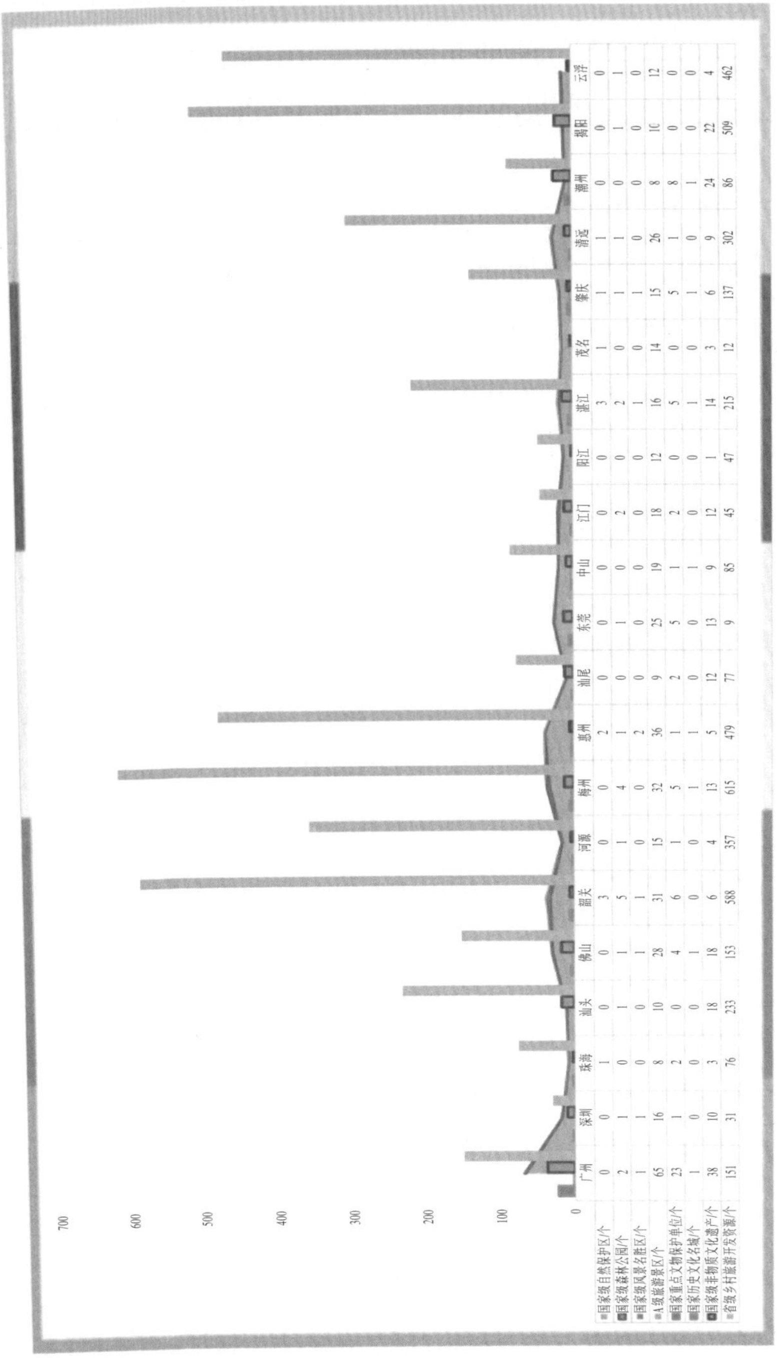

	广州	深圳	珠海	汕头	佛山	韶关	河源	梅州	惠州	汕尾	东莞	中山	江门	阳江	湛江	茂名	肇庆	清远	潮州	揭阳	云浮
国家级自然保护区/个	0	0	1	0	0	3	0	0	2	0	0	0	0	0	3	1	1	1	0	0	0
国家级森林公园/个	2	1	0	1	1	5	1	4	1	0	1	0	2	0	2	0	1	1	0	1	1
国家级风景名胜区/个	1	1	0	0	1	1	0	0	2	0	0	0	0	0	1	0	1	0	0	0	0
A级旅游景区/个	65	16	8	10	28	31	15	32	36	9	25	19	18	12	16	14	15	26	8	10	12
国家重点文物保护单位/个	23	1	2	0	4	6	1	5	1	2	5	1	2	0	5	0	5	1	8	0	0
国家历史文化名城/个	1	0	0	0	1	0	0	1	1	0	0	1	0	0	1	0	1	0	1	0	0
国家级非物质文化遗产/个	38	10	3	18	18	6	4	13	5	12	13	9	12	1	14	3	6	9	24	22	4
省级乡村旅游开发资源/个	151	31	76	233	153	588	357	615	479	77	9	85	45	47	215	12	137	302	86	509	462

图3-1　广东21个地级市旅游资源现状分析

3.2 基于OTA数据挖掘的广东旅游资源关注度分析

运用非结构化测量的网络评价数据挖掘手段以及旅游口碑评价指数，跟踪携程、美团、同程、马蜂窝、去哪儿、大众点评、驴妈妈、猫途鹰、百度旅游、途牛、艺龙等OTA游客评价网络文本，以此为基础，进行数据分类与归纳，围绕广东旅游资源关注度进行有针对性的分析。经过数据挖掘，游客评论的主要来源中美团占总评论量的37%，携程、去哪儿、同程、大众点评、马蜂窝、猫途鹰、驴妈妈、途牛、百度旅游、艺龙共占总评论量的63%。

近10年以来，广东旅游景区OTA游客评价数据共有474.4万条，其中好评数为395.9万条、差评数为28万条。关注评价高频数据指标，如景区景色、门票价格、景区管理、服务水平、环境卫生、公共设施、旅游交通、客流情况、文化特色等（按数据量排名），可发现游客体验后评价的焦点主要在景区资源优势、门票价格、景区管理及服务水平等方面。

例如，2019年广东全省5A级、4A级旅游景区的游客评价数据共产生了184 072条评论，其中好评146 003条，占总评论量的79.32%，游客满意度的平均分值为4.2分，呈现较为良好的水平（见表3-3）。2019年总体关注度正向排名的前三位指标为景区景色、景区管理、服务水平，可见游客对体验的满意度、期望值越来越高。从负面口碑数据排名中可知，游客最不满意的是门票价格，说明景区门票的经济问题还较为突出，与真实资源丰富度、服务水准不相匹配。从不同出游方式关注度的比例细分中可知，独自出游、情侣朋友出行两类人群最关注的是文化特色；家庭亲子出行人群的年龄结构多样化，其关注指标较为平均；商务出行人群以非旅游为主要目的，其关注指标较少。

表3-3　**基于OTA数据挖掘的2019年广东旅游资源关注度分析**

指标		景区景色	门票价格	景区管理	服务水平	环境卫生	公共设施	旅游交通	客流情况	文化特色
OTA游客评价数据（万条）		99.6	42.4	30.9	27.5	13.8	10.1	6.3	5.6	1.1
总体关注度正向排名		1	4	2	3	5	6	7	8	9
负面口碑数据排名		2	1	3	4	6	5	8	7	9
不同出游方式关注度的比例细分	独自出游	1.59%	0.81%	2.03%	—	3.57%	—	—	1.96%	33.33%
	情侣朋友出行	6.15%	5.9%	6.38%	3.45%	7.14%	9.38%	17.65%	19.61%	66.67%
	家庭亲子出行	53.76%	51.34%	50.43%	43.45%	21.43%	62.50%	58.82%	47.06%	—
	商务出行	0.68%	—	0.29%	—	3.57%	—	—	1.96%	—
	其他	37.81%	41.94%	40.87%	53.10%	64.29%	28.13%	23.53%	29.14%	—
	总体	36.25%	13.96%	17.09%	15.60%	7.56%	4.51%	2.32%	2.13%	0.58%

数据来源：12301/国家智慧旅游公共服务平台.

3.3 乡村振兴战略背景下的广东茶旅融合发展情况

随着乡村振兴战略的实施，乡村文化旅游日益兴起，以茶乡、茶田为资源体的茶产业备受市场青睐。中国茶产业在农业供给侧结构性改革中占有重要地位，茶产业既关系千万茶乡、茶农，又连着全球亿万消费者。中国茶叶种植规模世界第一，是全球最大的产茶国和茶叶消费市场，全国年茶叶消费量超过200万吨。中国茶叶种植面积、茶叶产销量均居世界首位，且茶产业结构不断优化、效益提升，呈现良好的发展势头。

近年来，广东深入实施乡村振兴战略，充分发挥资源和市场优势，围绕“做优茶品质、唱响茶品牌、拓展茶市场、弘扬茶文化、共享茶红利”的发展策略，助推广东茶旅融合进入新时代。

茶旅融合是集生态观光、度假休闲、旅游购物、文化体验于一体的新型旅游方式，对破解茶产业发展瓶颈具有重要意义。发展现代茶产业旅游，是助力农民脱贫的重要举措，也是茶产地发展现代农业的重要载体。因此，茶旅融合背景下的特色茶园与一般茶叶生产园相比，既有相同之处，又有明显的区别。特色茶园的必备条件是，有观光游览区、休闲度假区，同时需要做到有景可观、有茶可品、有礼可购。结合国家乡村振兴战略，茶乡应该重点从多产业载体、内涵创新两个方面进行资源挖掘、产业拓展、品牌塑造和产品推广。

旅游产业是第三产业的战略性支柱产业，其具有很强的辐射带动作用。广东茶旅融合发展结合茶文化物质与精神资源，突出山水、茶乡、生态特色等，并与休闲度假旅游产业有效融合，发挥茶旅融合对乡村旅游文化引领、惠民富民、产业带动的功能，从而促进乡村生态建设，实现人和自然的和谐共生，走绿色发展之路。茶旅融合的产业内涵根植于特色的茶乡、茶园，旅游风景名胜区与特色的茶乡、茶园进行产业融合发展，别具一番观赏、品鉴魅力，如梅州市雁南飞茶田景区是粤东首个5A级旅游景区，坐落于广东梅县区雁洋镇。因此，如果茶山、茶田能解决交通条件、落实土地指标、做好系统策划与规划，往往就具有了很高的投资价值。以梅州市雁南飞茶田景区为例，该景区已经营20多年，为国家5A级旅游景区。该景区遵循旅游业与茶产业功能融合下的开发与运营，融合茶叶生产、茶文化展示、旅游观光、度假休闲、客家美食、客家演艺于一体，成功塑造了一个“雁南飞·茶中情”茶旅融合综合示范旅游区。其中，千亩茶田上的“鲁班奖”围龙大酒店是茶田度假酒店的典范之作，《雁南飞茶歌》客家演艺是难得的茶旅文化盛宴。

3.4　“产业集群”视域下的广东民宿旅游发展情况

广义的民宿是指除了一般常见的饭店和旅舍外，其他具有独特吸引力的小型旅游住宿接待场所，其强调主题的特色性。在我国，民宿一般是指广义的民宿。狭义的民宿是指利用自有住宅的空闲房间，结合当地文化，以家庭副业方式经营，提供住宿、餐饮等服务的场所，强调其产权的自有性和经营的副业性。

民宿产业发迹于20世纪80年代，经历了三个发展阶段：一是以农家乐为主要特征的初始阶段；二是以产权和经营权分离为特征、依赖“主人文化”的快速增长阶段；三是以高端化、专业化、品牌连锁化的民宿群落为主的品质提升阶段。2012年以后，大众出行由“商务出行”转向“个人旅行”，客栈民宿等个性化主题住宿产业需求增加，国内民宿产业开始蓬勃发展。近年来，民宿市场总房源量从2016年的59万套增长至2019年的134万套，而线上交易额在2019年突破了200亿元，相比2016年增长了4倍。从市场状况来看，80后、90后和00后成为民宿旅游的主要消费群体，其消费关注点更多的是价格、居住体验感和房屋性能等。其中，六成以上的消费者通过网络渠道预订民宿。

目前，全国已有267个关于民宿的法规和标准等出台，已有23个省、自治区、直辖市出台民宿扶持政策。法规与标准的密集出台表明了政府对民宿发展的支持态度和行业标准化的引导。2019年7月，文化和旅游部发布《旅游民宿基本要求与评价》（LB/T 065—2019）。2021年2月，文化和旅游部发布了《关于发布旅游行业标准〈旅游民宿基本要求与评价〉第1号修改单的公告》。

广东乡村地区具有丰富的自然景区和地域历史文化资源，乡村旅游与我国其他地区相比，具备一定的岭南地域特色，以广府文化、客家文化、渔农文化、海防文化为背景的乡村旅游不仅丰富了旅游活动内容，扩大了旅游容量，而且带动了农业产业结构调整和农民增收致富，促进了农村经济社会的发展。

2020年，中共广东省委宣传部、省文化和旅游厅印发《广东省加快推进文化和旅游融合发展三年行动计划（2020—2022年）》，提出实施粤美乡村文旅振兴工程，推动乡村文化旅游提质升级。广东正以“乡村+节庆”“乡村+非遗”“乡村+文创”“乡村+演艺”“乡村+游乐”等乡村文旅发展模式，推动传统村落、少数民族特色村寨、历史建筑、文物古迹、非物质文化遗产等文化资源融入乡村旅游产品开发，计划到2022年建成200个文化和旅游特色村，推出200条乡村旅游精品线路。广东文旅融合发展中乡村文旅振兴是重点，民宿产业是广东乡村文旅发展的重要产业和抓手。乡村民宿是乡村旅游的重要内容和环节，是旅游住宿的新业态，是促进乡村旅游提质增效、服务乡村振兴战略的有效途径，更是乡村振兴的重要突破口和产业扶贫的重要组成部分。

近年来，广东省乡村民宿发展迅速，根据广东省旅游协会民宿分会和广东民宿发展研究院联合发布的《2020广东乡村民宿发展白皮书》，广东民宿逐渐体现出了个体品牌、集群品牌和区域品牌共同发展的局面，已经形成了6个民宿集群，包括深圳大鹏半岛民宿群、仁化丹霞山民宿群、增城“万家旅舍”民宿群、从化米埗民宿群、清远“清新人家”民宿群、惠州罗浮山－南昆山民宿群等。但在发展过程中，广东民宿存在缺少规划、破坏乡村环境风貌、缺乏乡村文化内涵、经营和服务水平参差不齐等问题，阻碍了乡村民宿行业的进一步发展。要解决乡村民宿发展面临的问题，除了健全乡村民宿的法律法规，加强政府监督管理力度外，乡村民宿全行业亟待规范化、标准化的技术措施介入。以标准为载体，规范乡村民宿的管理和服务，是促进乡村民宿行业可持续健康发展和助推乡村振兴战略的有效途径。

2020年6月22日，广东省市场监督管理局批准发布了首批乡村振兴地方标准——《乡村振兴　民宿服务规范》（DB44/T 2248—2020）。目前，广东正在着力打造民宿集群，践行“绿水青山就是金山银山”的重要理念，取得了多项创新发展成果（见表3-4）。在乡村振兴历史潮流和全域旅游的大趋势下，民宿集群满足了城乡消费者休闲度假的高品质需求，这是一种个性化与深度游的体验方式。

截至2020年12月，广东省民宿客栈数量为44 999家。广东省各地市级的民宿客栈数量从高至低分别是：广州（13 751家）、深圳（7 677家）、惠州（7 222家）、珠海（2 709家）、佛山（2 265家）、清远（2 238家）、阳江（1 788家）、东莞（1 326家）、汕头（1 285家）、中山（905家）、韶关（612家）、潮州（595家）、江门（573家）、汕尾（533家）、肇庆（509家）、河源（452家）、梅州（234家）、揭阳（162家）、茂名（126家）、云浮（37家）[①]。广州、深圳、惠州的民宿客栈数量居全省前三，民宿产业发展较快。2021年3月25至27日，第一届广东民宿大会以“乡村振兴之名，共商行业发展之道”为主旨在广东省梅州市举行，会议聚焦广东民宿集群发展的现状，探索民宿助推乡村旅游振兴的道路。

---

① 数据来源：根据去哪儿网“客栈民宿”类别进行查询得出，数据仅包含在去哪儿网上线的客栈民宿.

表3-4　**广东民宿创新发展成果**

广东民宿创新发展情况	主要内容
广东民宿产业发展全国第一	截至2019年年底，民宿客栈数量近1.8万家；截至2020年12月，民宿客栈数量为44 999家
发布了全国第一个省级民宿管理办法	《广东省民宿管理暂行办法》（2019年9月1日正式实施）
创建了全国第一个民宿公共品牌	广东旅游民宿（2020年10月）
建立了全国第一个区级民宿协会	深圳市的大鹏新区民宿协会（2015年5月）
拥有民宿集群最多的省份	深圳大鹏半岛民宿群、仁化丹霞山民宿群、增城“万家旅舍”民宿群、从化米埗民宿群、清远“清新人家”民宿群、惠州罗浮山－南昆山民宿群、肇庆星湖民宿集群、河源万绿湖民宿集群、潮州古城民宿集群、梅州梅县民宿集群等
开办了全国高校第一个文创旅游民宿专业	广东南华工商职业学院文化旅游学院文创民宿班（2016年10月）
发布了全国第一份地方民宿发展白皮书	《深圳市大鹏新区民宿发展白皮书（2015）》
注册了全国第一个专业民宿研究独立法人机构	深圳新旅民宿客栈发展研究中心有限公司

数据来源：广东省旅游协会民宿分会.

3.5 南粤古驿道旅游地情况分析

南粤古驿道是指1913年以前广东境内用于人员交往、物资运输、文书传递的道路，包括陆路和水路，都是古代朝廷修建的道路或民间自建的古道。作为“海上丝绸之路”向内陆延伸的重要通道，南粤古驿道见证了广东多民族民系文化的形成和发展进程，是岭南历史文化的重要组成部分。南粤古驿道沿线区域拥有优美的自然生态景观、悠久的历史文化内涵、特有的少数民族风情以及“慢生活”的休闲旅游体验，使其成为乡村旅游的优选之一。

南粤古驿道线路以广东省古驿道历史文化遗产（物质和非物质文化遗产）的保护和利用为核心，通过古道、步道、绿道、风景道、水道等多元的线性载体，串联沿线的古驿道遗存、历史文化城镇村、文物古迹以及自然景观资源等节点，挖掘和展示非物质文化遗产，为公众创造满足现代生活需求的线性文化空间。

历史上的南粤古驿道在广东省境内所体现出来的是巨大的经济价值，伴随着历史的沉淀，南粤古驿道所体现出来的经济价值早已消失，却留下了众多的旅游资源，任何一条古驿道都遗存着许多极具旅游开发价值的建筑设施、遗址遗迹、人文景观等各种类型的旅游资源。迄今在广东省内所发现的官方、民间古驿道遗址、旧址共171处。其构成主要包括石路面、凉亭、古桥、古堡、古寨、古碑刻、古路引、古书院等古文化遗存；其文化内涵涉及疆界版图文化、商贸驿邮文化、族群迁徙文化、民俗宗教文化、文人宦游文化、红色军事文化等，是广东地区社会发展的重要缩影。因此，南粤大地上已经形成了一条自然美景和历史文化深度融合的景观长廊——南粤古驿道。

2017年10月，广东省人民政府为了深入挖掘南粤古驿道的历史文化内涵，做好南粤古驿道保护与利用的相关工作，实现周边旅游产业大融合，出台了《广东省南粤古驿道线路保护与利用总体规划》《古驿道示范地区规划建设标准》等一系列政策与文件。在此背景下，南粤古驿道各示范区根据自身旅游资源的特色，紧抓“一带一路”建设重点，积极探索多元开发模式，如“古驿道+旅游”“古驿道+体育”“古驿道+文创”“古驿道+特色农业”“古驿道+特色制造业”等，提升南粤古驿道的综合功能和品牌效益。为推动中华优秀传统文化创造性转化、创新性发展，目前已策划8条古驿道主题文化遗产线路，涉及《世界记忆》侨批和银信文化、葛洪与中医药文化、南北通融文化、汤显祖岭南行文化、驿道古酒文化、西学东渐文化、香山古道群英故里文化。

按照《广东省南粤古驿道线路保护与利用总体规划》，至2025年全省将规划建设11 230千米的古驿道网络，建成24个重点发展区域、59个区域服务中心、252个一级驿站、1 200多处人文和自然发展节点，把整个古驿道打造成6条重要的线路，贯穿南粤古驿道的大框架，并与绿道、风景道、水道等串联起来，形成一个完整的、走得通的、看得见的线路。①

由于旅游资源具有广域性、多样性和重叠性的特点，因此旅游资源可以从不同的角度进行分类。现在重点打造的南粤古驿道活化线路共有11条，分别是韶关南雄海关—乌迳古道、韶关乳源西京古道、广州从化古道、清远连州丰阳—东陂古道、清远连州秦汉古道、河源粤赣古道、梅州大埔三河坝—潮州饶平麒麟岭古道、梅州兴宁—平远古道、珠海中山岐澳古道、汕尾海丰羊蹄岭—惠州惠东高潭古道、惠州罗浮山古道。结合南粤古驿道线路的情况，对其沿线旅游景点进行统计，见表3-5。[49]

表3-5　**南粤古驿道线路及其沿线旅游景点**

南粤古驿道线路	沿线旅游景点/区情况
韶关南雄海关—乌迳古道	梅关关楼、张九龄纪念广场、元帅岭钟鼓岩、珠玑古巷、大雄禅寺、三影古塔
韶关乳源西京古道	红豆杉国家森林公园、舜帝殿、观音殿、盘龙三圣祠、观澜书院、猴子岭、心韩亭、通天萝原始森林、南岭国家森林公园、朱德祖居地、南水湖国家湿地公园
广州从化古道	狮象古人类遗址、碧水湾温泉度假村、石门国家森林公园、钟楼古村、沙溪水库、广裕祠
清远连州丰阳—东陂古道	连州地下河、龙潭生态旅游度假区、大云洞摩岩石刻、慧光塔
清远连州秦汉古道	怀清亭、千级台阶、南天门亭

① 数据来源：广东省住房和城乡建设厅，广东省文化厅，广东省体育局，等. 关于印发《广东省南粤古驿道线路保护与利用总体规划》的通知［EB/OL］.［2017-11-22］. http://zfcxjst.gd.gov.cn/xxgk/wjtz/content/post_1398175.html.

续表

南粤古驿道线路	沿线旅游景点/区情况
河源粤赣古道	万绿湖、苏家围、黄龙岩畲族风情旅游区、南园古村、东江画廊、连平博物馆、九连山、白云楼、林寨古村、和平热龙温泉、荣佳国韵温泉度假村
梅州大埔三河坝—潮州饶平麒麟岭古道	西岩山、西岩寺、营前楼、镇福楼、西片村（华封楼）、永昌楼、朝阳楼、茂芝会议旧址、上饶楼、饶北公园
梅州兴宁—平远古道	罗屏汉故居、龙文梯田、客家相思谷、长潭省级自然保护区、五指石风景区
珠海中山岐澳古道	苏曼殊故居、梅溪牌坊、普陀寺、石溪公园、古元美术馆、凤凰山、长南迳古道、唐家湾古镇、共乐园
汕尾海丰羊蹄岭—惠州惠东高潭古道	高潭镇连生度假村、中洞村、黄沙村
惠州罗浮山古道	罗浮山（白莲湖、飞云顶等）、旭日村、蔚园、千金出阁大道

第4章

广东旅游城市生态位与DEA经营效率实证分析

旅游城市生态位测评与DEA经营效率评价，是将生态位理论、DEA模型运用到区域旅游生态位判别、空间格局建构等识别体系中，其对旅游资源开发、旅游城市形象聚焦与塑造、旅游市场推广均具有积极意义。广东总体旅游资源禀赋丰富，但粤东、粤西、粤北地区受限于交通基础设施、区域经济水平等因素，其旅游市场表现与资源状况不相匹配。广东要破解旅游产业区域发展不平衡难题、寻求旅游产业高质量发展之路，需要着重剖析旅游经济发展的区域差异，剖析旅游生态位与经济效率影响因素。本研究选取广东省21个地市级城市生态位测评体系、DEA模型关联统计数据，围绕旅游城市竞争力生态位、经营效率指标核心系统层，构建指标层、变量要素层，根据广东旅游经济转型升级的新特征，加入了旅行社组团出境游人数、第三产业GDP比重等旅游产业前沿领域研究数据指标。

4.1 评价指标构建

4.1.1 旅游生态位评价指标构建

广东省经济发展的突出问题是区域协调发展不平衡。统计数据显示，2019年广东四个区域的地区生产总值比重中，珠三角占80.7%、东翼占6.4%、西翼占7.1%、北部生态发展区占5.8%，将东翼、西翼和北部生态发展区的地区生产总值与珠三角地区比对，分别只占8.0%、

8.8%和7.1%。2019年，广东第三产业增加值对地区生产总值增长的贡献率为63.8%。旅游业是第三产业经济增长的顶梁柱，区域旅游生态力的评估、发展态势分析，应该考查旅游资源禀赋、市场经济条件等多项因素，进行专项测评，以利于观察广东21个地级城市旅游产业地位及优劣势、发展态势。[50]

考虑到广东21个城市旅游产业的特殊性，秉承科学评测、整体分析、数据可靠等原则，将广东旅游城市生态位评测细分为4个维度25个项目子指标（如图4-1所示）。围绕广东省旅游城市竞争力生态位指标核心系统层，构建旅游资源维、旅游市场维、社会经济维、生态环境维等4个指标层，其中根据广东旅游经济转型升级的新特征，在25个变量要素层中加入了邮电业务总量、旅行社组团出境游人数、第三产业GDP比重、GDP能耗增长速度等旅游产业前沿领域研究数据指标。

4.1.2 DEA模型评价指标构建

效率（efficiency）常指有用功率对驱动功率的比值，而配置效率是效率的引申，通常是指投入和技术的条件给定后，没有浪费经济资源，或经济资源利用度做到了最大可能性的满足程度。1957年英国经济学家法瑞尔提出效率概念，并给出测算标准与模型，使得效率的研究深入到经济活动的各个领域。[28] 数据包络分析（Data Envelopment Analysis，DEA）模型，是一种系统分析方法，旨在采用运筹学和数学规划的方法和观察到的有效样本数据，对决策单元进行有效评价或处理。[51] DEA模型既可以反映投入导向和产出导向两种模型，利用自身为参照作纵向

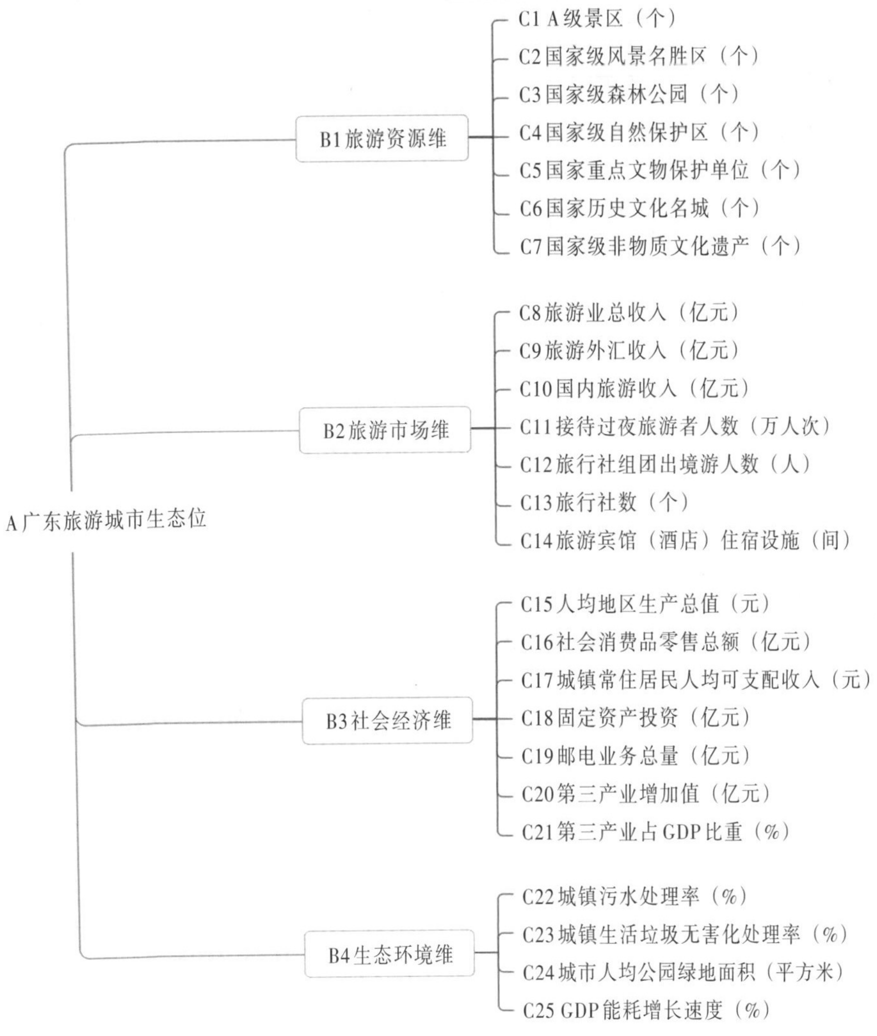

图4-1　广东旅游城市生态位评测指标

分析，也可以参照同类，进行横向比较。DEA模型在国内外旅游业的应用，主要集中在旅行社、旅游酒店及景区的经营效率等问题，如黄丽英等基于DEA方法对我国高星级酒店效率进行研究[52]、文艳等运用模型对旅游上市公司成本控制效率进行评价研究[53]、马晓龙等对中国国家级风景区进行效率评价[54]。随着国内旅游业的蓬勃发展，旅游开发对城市经济的拉动作用越来越明显，因此，对旅游资源的开发、投入的经营效率DEA综合评价、分析，可以发现区域旅游产业发展的优势与不足[55]，有利于各城市在旅游开发中采取针对性的对策，对城市旅游业的健康、有序发展具有重要的现实意义。采用DAE模型对影响广东各城市经济效益的指标作量化分析，可以真实、有效地衡量广东城市旅游产业投入与产出的效益，有助于了解广东旅游区域发展状况及资源利用情况，为广东旅游产业转型发展、实现经济结构的有效调整提供依据。[56]

以研究评价有效性为导向，构建旅游经济效率评测指标体系。首先，设定决策单元DMU，以广东21个地级城市为DMU。其次，对DEA模型评价指标中的投入指标进行遴选、比对，从代表性、准确性及可获取性考虑，设定区域旅游产业经济密不可分的7项指标（如图4-2所示），其中旅行社数量、旅游景区数量、酒店设施是旅游业三大核心组成部分。在产出指标方面，设定旅游总收入、接待过夜旅游总人次两项通用评价指标。

DEA模型是借助于规划和统计数据，确定相对有效的生产投入前沿面，将各个决策单元投影到DEA的生产前沿面上，并通过比较决策单元偏离DEA前沿面的程度来评价它们的相对有效性。[57] DEA模型对旅游经济效率的衡量，可以清晰地说明投入和产出的组合。根据《广东统计年鉴2020》及广东文化和旅游厅2020年旅行社、A级旅游景区等统

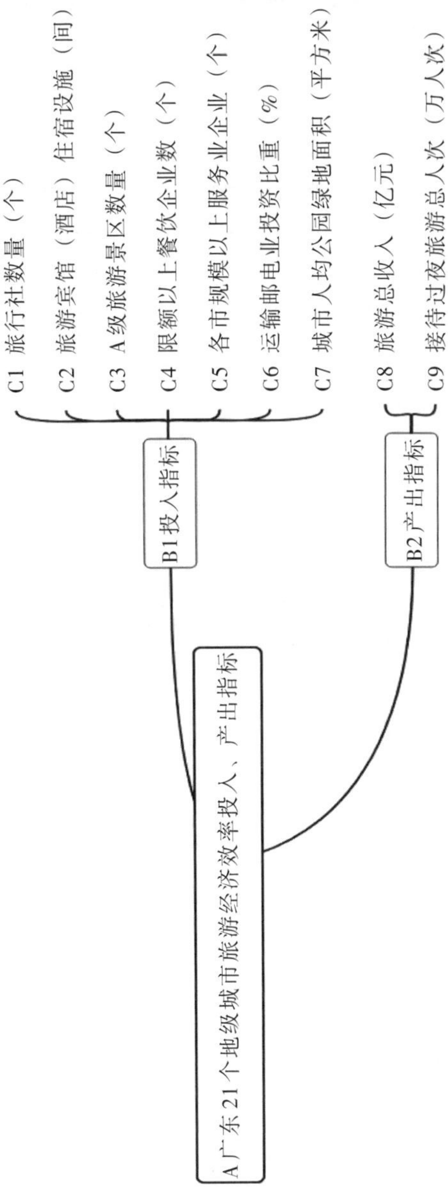

图4-2　广东21个地级城市旅游经济效率投入、产出指标

计数据，运用DEA模型中统计广东21个地级城市决策单元（DMU）数据，以权威性、准确性为宗旨，对旅游经济效率投入、产出指标数据进行汇总，见表4-1。

表4-1 广东21个地级城市旅游经济效率投入、产出指标数据汇总表[29]

序号	城市	投入指标							产出指标	
		旅行社数量（个）	旅游宾馆/酒店（个）	A级旅游景区数量（个）	限额以上餐饮企业数（个）	各市规模以上服务业企业（个）	运输邮电业投资比重（%）	城市人均公园绿地面积（平方米）	旅游总收入（亿元）	接待过夜旅游总人次（万人次）
1	广州	789	3 141	66	1 373	10 546	16.2	22.95	4 454.58	6 773.13
2	深圳	1 109	764	16	1 049	8 914	9.7	15.35	1 715.17	6 718.04
3	珠海	213	613	8	262	997	5.7	19.90	541.52	2 603.90
4	汕头	117	312	10	113	389	6.0	15.16	568.42	2 344.52
5	佛山	133	492	28	358	1 603	6.3	17.25	891.86	1 932.87
6	韶关	49	649	31	93	188	11.9	13.87	512.09	2 004.62
7	河源	52	688	15	115	108	17.5	13.40	357.66	1 940.82
8	梅州	61	900	32	38	77	18.0	17.03	550.02	2 395.69
9	惠州	83	1 560	36	201	589	7.7	16.78	574.26	2 992.43
10	汕尾	29	387	9	45	103	2.9	15.09	172.58	971.50
11	东莞	149	1 479	25	521	1 990	8.1	24.06	574.17	2 301.64
12	中山	89	639	19	289	715	14.2	16.41	303.78	1 496.27
13	江门	86	936	18	294	375	9.6	17.88	690.52	2 992.59
14	阳江	34	744	12	60	108	11.6	16.17	349.39	1 630.69
15	湛江	67	756	16	159	323	11.4	16.97	601.22	2 845.43
16	茂名	26	478	14	171	277	11.8	17.50	476.09	1 551.29
17	肇庆	47	1 023	15	129	151	7.5	19.98	340.82	1 434.04
18	清远	60	943	26	53	205	17.5	14.13	377.36	1 391.41
19	潮州	50	202	8	50	57	12.7	12.74	398.23	2 629.47
20	揭阳	40	380	10	58	97	5.3	12.60	362.75	2 354.50
21	云浮	18	305	12	25	73	13.5	16.38	345.46	1 836.17

4.2　旅游生态位与DEA经营效率实证分析

4.2.1　旅游生态位评测

旅游生态位，是将生态位理念引入区域旅游城市发展、空间体系辨识的研究方式。从旅游学、旅游经济学角度，结合生态位理论，构建“态”和“势”两个基本属性的研究方法。“态”反映的是旅游地历经产业发展，目前所呈现的状态；“势”则反映旅游地的更新速度、增长率、占据新生环境的能力，其体现的是一种变化趋势。构建旅游生态位理论态势模型，区域旅游生态位研究计算公式可表示为：

$$N_i = \frac{S_i + A_i P_i}{\sum_{j=1}^{n}(S_j + A_j P_j)} \tag{4-1}$$

式（4-1）中，i，j=1，2，…，n；N_i是旅游地i的生态位；S_i表示旅游地i的态；P_i表示旅游地i的势；S_j为旅游地j的态；P_j为旅游地j的势；A_i和A_j是对量纲转换系数的具体表示。$S_j+A_jP_j$界定为绝对生态位。[59]旅游生态位计算结果在0至1之间，数值越大、越接近1，说明该旅游地在区域旅游产业中的影响越大，占支配地位。数值越小，说明该旅游地在区域旅游产业中的影响力越小，所处地位越低。

综合生态位的计算公式为：

$$M_{ij} = \sum_{i=1}^{n} N_{ij} / n \quad (4-2)$$

其中，M_{ij}为综合生态位；N_{ij}为每个变量要素的生态位；n为因子的个数；j为城市的个数。

旅游生态位的“态”和“势”会随着旅游地的发展而产生变化，呈现出增长或减少的态势，致使旅游生态位出现扩充或缩减的情况。旅游生态位的扩充模型可以用公式表示为[58]：

$$T=P/S \quad (4-3)$$

其中，T是对旅游地生态位扩充程度的具体表示；P和S分别表示旅游地生态位的“势”和“态”。当T大于0时，说明旅游地生态位为扩充状态，“势”和“态”发展良好，其影响力与地位增强；当T小于0时，说明旅游地生态位为压缩状态，“势”和“态”下降，影响力与地位趋弱；当T等于0时，说明旅游地生态位的“势”和“态”稳定、无变化，表征为发展停滞，影响力和地位平稳。[59]

本书统计广东省21个城市近5年旅游发展生态指标数据，以现状数据作为“态”的衡量指标，平均年增长量作为“势”的指标，以时间为量纲转换系数，选取1年，即量纲转换系数为1。由于原始数据的单位不同，为了便于比较，首先用极差值标准化的方法对4个维度25个指标的原始数据进行了归一化处理[60]，由于25个指标均与旅游地的竞争力呈现正相关关系，故采用了如下标准化模型：

$$S_i = \frac{X_i - X_{min}}{X_{max} - X_{min}} \quad (4-4)$$

通过计算，得到各城市的标准化指标值。把经过标准化处理后的数据代入公式（4-2）、公式（4-3）中，分析得出广东省21个地级城市的综合生态位得分及排序情况（表4-2）、旅游生态位扩充程度及排序（表4-3）。

表4-2　　　　广东21个地级城市旅游生态位得分及排序

指标	旅游资源维	排序	旅游市场维	排序	社会经济维	排序	生态环境维	排序	综合生态位	排序
广州	0.1464	1	0.2920	1	0.2302	1	0.0576	7	0.1964	1
深圳	0.0364	9	0.2354	2	0.1997	2	0.0384	14	0.1382	2
珠海	0.0169	17	0.0480	5	0.0601	5	0.0529	9	0.0435	8
汕头	0.0195	15	0.0287	8	0.0312	8	0.0161	19	0.0248	14
佛山	0.0691	6	0.0636	3	0.0849	3	0.0356	17	0.0666	4
韶关	0.1079	2	0.0191	12	0.0226	13	0.0682	5	0.0528	7
河源	0.0141	18	0.0134	18	0.0142	18	0.0166	18	0.0143	19
梅州	0.0741	5	0.0241	10	0.0143	17	0.0416	11	0.0382	10
惠州	0.1027	4	0.0368	7	0.0418	7	0.1041	1	0.0674	3
汕尾	0.0117	19	0.0015	21	0.0019	21	0.0526	10	0.0126	21
东莞	0.0350	10	0.0511	4	0.0790	4	0.0693	4	0.0573	6
中山	0.0314	12	0.0220	11	0.0512	6	0.0370	16	0.0352	11
江门	0.0268	13	0.0414	6	0.0292	9	0.0395	13	0.0336	12
阳江	0.0025	21	0.0141	16	0.0172	16	0.0764	3	0.0217	15
湛江	0.1052	3	0.0272	9	0.0261	10	0.0972	2	0.0599	5
茂名	0.0185	16	0.0134	17	0.0235	12	0.0377	15	0.0215	16
肇庆	0.0659	7	0.0155	15	0.0257	11	0.0563	8	0.0390	9
清远	0.0346	11	0.0161	13	0.0194	14	0.0113	20	0.0214	17
潮州	0.0486	8	0.0116	19	0.0056	19	0.0000	21	0.0174	18
揭阳	0.0214	14	0.0159	14	0.0183	15	0.0579	6	0.0248	13
云浮	0.0115	20	0.0092	20	0.0040	20	0.0397	12	0.0133	20

数据来源：广东统计年鉴（2014—2020年）、广东旅游年鉴、广东文化和旅游厅统计数据.

表4-3　　广东21个地级城市旅游生态位扩充程度及排序

指标	旅游资源维	排序	旅游市场维	排序	社会经济维	排序	生态环境维	排序	综合生态位扩充程度	排序
广州	0.0000	13	-0.0044	13	0.0017	6	0.0144	8	0.0010	11
深圳	-0.0166	20	0.0011	11	0.0068	4	-0.0436	14	-0.0053	13
珠海	0.0014	12	-0.0034	12	0.0067	5	-0.0002	11	0.0018	10
汕头	0.0316	3	0.0470	6	-0.0069	8	-0.1235	19	-0.0356	17
佛山	0.0069	8	0.0127	10	-0.0034	7	-0.0269	13	-0.0042	12
韶关	0.0047	10	-0.0151	15	-0.0481	16	0.0370	6	0.0080	8
河源	-0.0003	15	-0.0071	14	0.0428	1	-0.1211	18	-0.0647	19
梅州	0.0118	7	0.0590	5	-0.0435	14	0.0395	4	0.0220	5
惠州	0.0823	2	0.0455	8	-0.0293	11	0.0388	5	0.0444	2
汕尾	0.0129	6	-0.2918	21	-0.5220	21	0.0842	2	0.0316	3
东莞	0.0258	5	-0.0298	18	-0.0629	17	0.1008	1	0.0131	7
中山	0.0282	4	-0.0154	16	-0.0110	10	-0.0629	16	-0.0222	15
江门	-0.0001	14	0.0409	9	-0.0719	18	-0.0445	15	-0.0269	16
阳江	-0.0427	21	0.0670	4	0.0177	3	0.0323	7	0.0313	4
湛江	-0.0020	17	0.0464	7	-0.0381	12	0.0136	9	0.0036	9
茂名	0.1838	1	0.1312	1	-0.0462	15	-0.0136	12	0.0151	6
肇庆	-0.0054	19	-0.1312	20	-0.0074	9	-0.0659	17	-0.0395	18
清远	-0.0006	16	-0.0497	19	-0.0424	13	-0.1619	20	-0.0849	20
潮州	0.0067	9	0.1278	2	-0.2155	19	-5.5580	21	-0.2046	21
揭阳	-0.0042	18	0.1080	3	0.0409	2	0.0615	3	0.0472	1
云浮	0.0019	11	-0.0198	17	-0.2530	20	0.0023	10	-0.0153	14

数据来源：广东统计年鉴（2014—2020年）、广东旅游年鉴、广东文化和旅游厅统计数据.

4.2.2　DEA模型数据处理

根据表4-1中旅游经济效率投入、产出指标数据，运用DEA的BCC模型，基于DEAP2.1（Data Envelopment Analysis Computer Program）软件[61]，根据需求、针对性进行参数及变量设置、所用模型选定等（其中包括21个DMU个数，即总体样本个数，面板数据中的年限为1，产出指标、投入指标个数分别为2和7）对数据进行针对性分析和处理。经分析与计算，得出21个决策单元的旅游经济效率评价结果及排名，见表4-4。

表4-4　　旅游经济效率评价结果及排名

序号	城市	综合效率	纯技术效率	规模效率	规模收益	DEA评价结论	排名
1	广州	1.000	1.000	1.000	—	DEA有效，规模收益不变	1
2	深圳	1.000	1.000	1.000	—	DEA有效，规模收益不变	1
3	珠海	1.000	1.000	1.000	—	DEA有效，规模收益不变	1
4	汕头	1.000	1.000	1.000	—	DEA有效，规模收益不变	1
5	佛山	1.000	1.000	1.000	—	DEA有效，规模收益不变	1
6	韶关	1.000	1.000	1.000	—	DEA有效，规模收益不变	1
7	河源	0.801	0.940	0.852	irs	非DEA有效，规模收益递增	4
8	梅州	1.000	1.000	1.000	—	DEA有效，规模收益不变	1
9	惠州	0.920	1.000	0.920	drs	非DEA有效，规模收益递减	2
10	汕尾	0.786	1.000	0.786	irs	非DEA有效，规模收益递增	5
11	东莞	0.637	0.660	0.965	irs	非DEA有效，规模收益递增	8

续表

序号	城市	综合效率	纯技术效率	规模效率	规模收益	DEA评价结论	排名
12	中山	0.456	0.768	0.594	irs	非DEA有效，规模收益递增	9
13	江门	1.000	1.000	1.000	—	DEA有效，规模收益不变	1
14	阳江	0.854	0.892	0.957	irs	非DEA有效，规模收益递增	3
15	湛江	1.000	1.000	1.000	—	DEA有效，规模收益不变	1
16	茂名	1.000	1.000	1.000	—	DEA有效，规模收益不变	1
17	肇庆	0.736	0.768	0.959	irs	非DEA有效，规模收益递增	7
18	清远	0.745	0.916	0.813	irs	非DEA有效，规模收益递增	6
19	潮州	1.000	1.000	1.000	—	DEA有效，规模收益不变	1
20	揭阳	1.000	1.000	1.000	—	DEA有效，规模收益不变	1
21	云浮	1.000	1.000	1.000	—	DEA有效，规模收益不变	1
均值		0.902	0.950	0.945			

4.3 研究评价

4.3.1 旅游生态位及空间格局分析

4.3.1.1 旅游生态位得分及排序分析

由表4-2可知，广东各城市旅游生态位整体情况介于0.0126至0.1964之间，通过将计算结果数据进行可视化构图（如图4-3所示），可

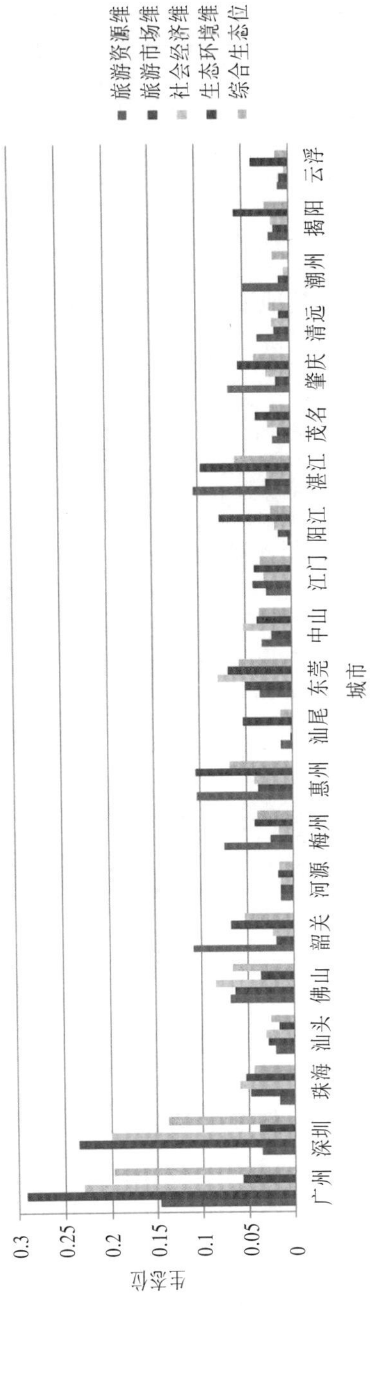

图4-3　广东21个地级城市旅游生态位对比分析

以清晰地展示及比对广东21个城市生态位及综合生态位。通过研判生态位数据图表，可见广州0.1964、深圳0.1382，两个城市综合生态位得分显著高于其他19个城市，其生态位差异具有统计学意义。目前，广东大部分城市旅游生态位地位及特征不突出，旅游影响力、辐射力较为有限。

（1）旅游资源维生态位

广州得分为0.1464，高于其他城市，位于第一位。韶关、湛江和惠州的得分也较高，均在0.1以上，分别位于第二、三、四位。这说明广州旅游资源最为丰富，尤其是拥有全省最多的A级旅游景区，而韶关、湛江和惠州拥有区域内较好的资源地位，有较高的影响力。从数据结果可见，其余城市的旅游资源维生态位得分值均低于0.1，说明其旅游产业地位和影响力偏低。

（2）旅游市场维生态位

广州和深圳两个城市的旅游市场维生态位得分显著高于其他地级城市，其得分分别为0.2920和0.2354，而其余地级城市的旅游市场维生态位均低于0.1，处于相对较低的水平。

（3）社会经济维生态位

广州和深圳在广东21个地级城市中，社会经济维得分一枝独秀，其得分分别为0.2302和0.1997，显著优于其他城市，具有明显的引领性。从数据结果可见，其他城市的社会经济维生态位均低于0.1，处于相对较低的水平。

（4）生态环境维生态位

惠州的生态环境维生态位得分相对高于其他地级城市，其得分为

0.1041，而其余地级城市的生态环境维生态位均低于0.1，处于相对较低的水平。

4.3.1.2　旅游生态位扩充程度分析

从表4-3可以看出，旅游资源维生态位扩充率中有8个城市小于0，旅游市场维生态位扩充率中有10个城市小于0、社会经济维生态位扩充率小于0的城市达到15个（占71.4%）、生态环境维生态位扩充率有11个城市小于0，占52.4%，这导致10个城市的广东地级城市的综合生态位扩充率小于0。根据广东旅游生态位扩充程度数据表，可见有一半以上的城市旅游生态位处于扩充状态，说明旅游产业保持良性发展，影响力呈逐步增强的态势；另外47.6%的城市旅游地生态位处于压缩状态，影响力和地位变弱。

4.3.1.3　旅游生态位空间格局分析

利用广东城市旅游生态位计算结果，结合广东省区域旅游系统支撑功能情况，得出21个地级城市聚类分析图（如图4-4所示）。按照城市空间相互作用和扩散的理论、标准，详细划分广东省21个地级城市的旅游生态位等级，共分为3个等级类型：第一类城市是广州和深圳，作为广东旅游系统的核心城市；第二类城市是惠州、湛江和韶关，作为广东旅游系统的节点城市；第三类城市作为区域旅游系统的网络城市，包括佛山、珠海、东莞、汕头、梅州、阳江、江门、河源、汕尾、中山、茂名、肇庆、清远、潮州、揭阳、云浮16个城市。

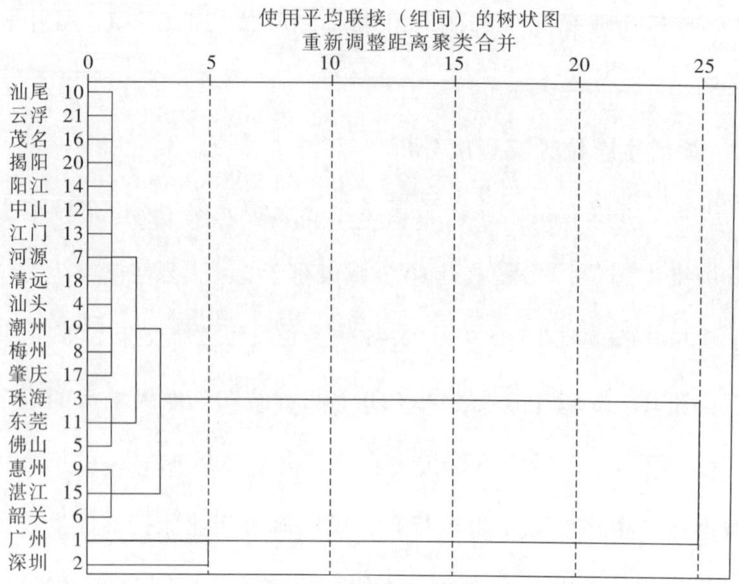

图4-4　广东地级城市旅游生态位聚类分析图

结合生态位理论，构建广东3个等级类型空间格局：2个核心城市，分别是广州、深圳；3个节点城市，分别是惠州市、湛江市、韶关市；其余16个城市为网络城市，由此构建成旅游生态位空间格局。

（1）核心城市

广州市旅游市场维0.2920、社会经济维0.2302、旅游资源维0.1464，排名均为第一位；深圳市旅游市场维0.2354、社会经济维0.1997，两项指标排名仅次于广州，排名第二。根据广东省文化和旅游厅公布的广东省A级旅游景区名录，广州市拥有54家A级旅游景区，排名首位，其中5A级景区2家；深圳市有14家A级旅游景区，其中2家5A级景区。广州市、深圳市在旅游资源维、旅游市场维、社会经济维的突出表现，使得广州市和深圳市两个城市的综合生态位排名前列，分列第一、第二，故为广东旅游生态位空间格局的核心城市。

（2）节点城市

惠州市拥有31家A级旅游景区，其旅游资源维生态位得分为0.1027，位居第四名，最为突出的是惠州的生态环境维得分为0.1041，位居第一名。惠州旅游市场维、社会经济维均排名第七，综合生态位得分较高，为0.0674，位居第三名。湛江市拥有16家A级旅游景区、14项国家级非物质文化遗产、5个全国重点文物保护单位，旅游资源维生态位得分为0.1052，位居第三名，其生态环境维生态位得分为0.0972，位居第二名，综合生态位得分为0.0599，排名第五。韶关市的丹霞山为全球首批世界地质公园、国家5A级旅游景区、国家级风景名胜区、国家级自然保护区、国家地质公园。韶关市拥有26家A级旅游景区、全国重点文物保护单位6家，旅游资源维生态位得分为0.1079，位居第二名，且生态环境维生态位得分为0.0682，排名第五，其综合生态位得分为0.0528，排名第七。综上所述，比对生态位指标及区域旅游系统支撑功能，将惠州市、湛江市、韶关市作为旅游生态位空间格局节点城市。

（3）网络城市

佛山市的GDP数据，在2019上半年中国内地31个省、自治区、直辖市中入围前30强，其社会经济维生态位得分为0.0849、旅游市场维生态位得分为0.0636，均排在第三位，但其在旅游资源维、生态环境维表现较弱，在珠三角9个城市中排名第四，列为网络城市。珠海在旅游市场维和社会经济维生态位得分分别为0.0480和0.0601，均排在第五位，在旅游资源维和生态环境维表现较弱，随着珠海长隆旅游度假区等项目带动效应的显现，从旅游资源维、综合生态位扩充程度显示，其旅游综合生态位稳步提升。东莞在旅游市场维、社会经济维和生态环境维的生态位得分分别为0.0511、0.0790和0.0693，均排在第四位，在旅游资源维表现相对较差，因此综合排名第六。梅州市拥有33个A旅游景区，国家级非物质文化遗产13项，其中雁南飞茶田度假村是5A级景区，其旅游资源维生态位得分为0.0741，排在第五位，但在旅游市场维、社会经济维和生态环境维的生态位得分不高。阳江在生态环境维生态位得分为0.0764，排名第三，其旅游资源维方面，A景区数量较少，仅有11个；国家级森林公园、国家级自然保护区、全国重点文物保护单位、国家历史文化名城等资源欠缺，其他维度表现较差。综上所述，受限于旅游资源、旅游市场等多个维度不均衡发展，珠海、汕头、佛山、河源、梅州、汕尾、东莞等16个城市的旅游生态位得分较低，将这批城市作为区域旅游系统的网络城市。

4.3.2 DEA模型数据分析

4.3.2.1 综合效率值

从表4-4可见，在广东21个决策单元中，城市综合效率水平较高，平均值达到0.902，其中广州、深圳、珠海、汕头、佛山、韶关、梅州、江门、湛江、茂名、潮州、揭阳、云浮等13个城市的综合效率、纯技术效率、规模效率三项评价值均为1，其DEA有效，规模收益不变、运行良好。DEA有效城市占广东城市比例的61.9%。但仍有8个城市综合效率值指标偏离，需要做好优化提升，包括河源0.801、惠州0.920、汕尾0.786、东莞0.637、中山0.456、阳江0.854、肇庆0.736、清远0.745，其中中山的综合效率值为0.456，为最低值。而惠州、汕尾虽然综合效率值和规模效率值均小于1，为非DEA有效，但其纯技术效率值均为1，可见其城市旅游投入、旅游产出规模的技术层面运行正常，产业规模化提高是优化重点。

4.3.2.2　纯技术效率值

从分析结果可见，广东各城市的纯技术效率平均值为0.950，比综合效率值、规模效率值要高。纵观各城市指标值情况，东莞0.660是最低值，中山和肇庆均为0.768，其他18个城市值介于0.9至1之间。依据纯技术效率值分析结果，可见各城市评价良好，应该把握旅游产业运营实际，破除技术壁垒，优化投入产出中资源比例、规模化发展规划，并考虑旅游决策管理、规划引领等要素的影响，以促进旅游经济更好发展。

4.3.2.3　规模效率值分析

旅游经济效率评价中的规模效率值是指城市旅游投入的要素、资源等比例增加时，产出增加价值的情况。旅游规模效率值的显现，需要产出值增加，且比例大于全部要素投入量。因此，规模效率通常是旅游产业结构优化配置后，对产出单元所发生作用大小的评价。[23]

根据表4-4规模效率值分析结果可见，广东21个城市规模效率平均值是0.945，其中广州、深圳、珠海、汕头等13个城市旅游规模效率值为1，无须调整。惠州0.920，属于城市规模效率值呈递减状态，应切实做好规模管理，优化资源配置，以利于综合效率值提升。河源0.852、汕尾0.786、东莞0.965、中山0.594、阳江0.957、肇庆0.959、清远0.813，说明这7个城市的规模效率值是递增状态，应考虑提高产业规模化水平，以推动综合效率值提升、优化。

4.3.2.4 投入冗余与产出不足

通过DEA模型数据分析，得出非DEA有效城市的投入、产出冗余分析情况，见表4-5，可以对投入指标、发展路径进行精准分析，为提出针对性优化对策打下基础。

在投入指标冗余分析中，有河源、东莞、中山、阳江、肇庆、清远6个城市出现冗余。在旅行社数量指标冗余率分析中，河源冗余17.108%、中山冗余31.869%、清远冗余11.360%，可见其旅行社行业竞争激烈，存量过多，可对规模进行把控，提升品牌集群优势。旅游宾馆（酒店）住宿设施指标冗余率中，河源38.797%、东莞28.730%、中山17.315%、阳江44.510%、肇庆38.714%、清远69.591%，尤其是清远冗余率超过了60%，说明这些城市的酒店业及住宿业投资存在较严重的过剩。A级旅游景区数量冗余分析中，河源27.36%、东莞13.484%、中山24.153%、肇庆8.193%、清远59.988%，以清远的景区数量冗余率为最高，需要控制旅游景区的同质化投资。

限额以上餐饮企业数方面，河源、东莞、中山、阳江、肇庆这些城市都存在冗余，特别是中山的冗余率最高，达到56.713%。河源、中山、阳江、清远的运输邮电业投资比重指标冗余，说明“十三五”期间，这些城市在交通设施、物流仓储等建设方面明显加强。城市人均公园绿地面积冗余率中东莞8.063%、肇庆8.539%，说明这两个城市的城市绿地建设充足，改善人居环境成果显著，如肇庆市2020年成功创建全国文明城市。

表4-5　　**非DEA有效城市旅游投入、产出冗余分析**

序号	城市	旅行社数量		旅游宾馆/酒店		A级旅游景区数量		限额以上餐饮企业数		各市规模以上服务业企业		运输邮电业投资比重		城市人均公园绿地面积	
		松弛值	冗余率(%)	松弛值	冗余率(%)	松弛值	冗余率(%)	松弛值	冗余率(%)	松弛值	冗余率(%)	松弛值	冗余率(%)	松弛值	冗余率(%)
1	广州	0	0	0	0	0	0	0	0	0	0	0	0	0	0
2	深圳	0	0	0	0	0	0	0	0	0	0	0	0	0	0
3	珠海	0	0	0	0	0	0	0	0	0	0	0	0	0	0
4	汕头	0	0	0	0	0	0	0	0	0	0	0	0	0	0
5	佛山	0	0	0	0	0	0	0	0	0	0	0	0	0	0
6	韶关	0	0	0	0	0	0	0	0	0	0	0	0	0	0
7	河源	8.896	17.108	266.925	38.797	4.104	27.36	50.134	43.595	4.552	4.215	11.155	63.743	0	0
8	梅州	0	0	0	0	0	0	0	0	0	0	0	0	0	0
9	惠州	0	0	0	0	0	0	0	0	0	0	0	0	0	0
10	汕尾	0	0	0	0	0	0	0	0	0	0	0	0	0	0
11	东莞	0	0	424.916	28.730	3.371	13.484	195.900	37.601	455.256	22.877	0	0	1.940	8.063
12	中山	28.336	31.869	110.640	17.315	4.589	24.153	163.901	56.713	451.995	63.216	5.603	39.458	0	0
13	江门	0	0	0	0	0	0	0	0	0	0	0	0	0	0
14	阳江	0	0	331.156	44.510	0	0	11.643	19.405	13.033	12.068	0.878	7.569	0	0
15	湛江	0	0	0	0	0	0	0	0	0	0	0	0	0	0
16	茂名	0	0	0	0	0	0	0	0	0	0	0	0	0	0
17	肇庆	0	0	396.043	38.714	1.229	8.193	32.534	25.220	0	0	0	0	1.706	8.539
18	清远	6.816	11.360	656.249	69.591	15.597	59.988	0	0	129.942	63.386	3.291	18.806	0	0
19	潮州	0	0	0	0	0	0	0	0	0	0	0	0	0	0
20	揭阳	0	0	0	0	0	0	0	0	0	0	0	0	0	0
21	云浮	0	0	0	0	0	0	0	0	0	0	0	0	0	0
平均值		2.097	2.873	104.092	11.317	1.376	6.342	21.624	3.692	50.228	7.893	0.997	6.170	0.174	0.791

对非DEA有效城市旅游产出不足进行分析，见表4-6，河源、中山、阳江、肇庆、清远5个城市产出不足。在旅游总收入、接待过夜旅游总人次不足率分析中，全省平均不足率分别为1.217%、10.335%，控制在较低水平。旅游总收入、接待过夜旅游总人次不足率各城市分析情况显示，河源为1.423%与21.315%、中山为19.412%与44.220%、清远为4.730%与83.165%，说明旅游产业收入需要充分挖掘资源优势，转化为经济效应，尤其是接待过夜旅游人次产出不足，要围绕温泉度假资源、生态旅游资源等，提升旅游服务质量，引领特色旅游小镇、民宿旅游等新兴业态的有序发展。

表4-6　　**非DEA有效城市旅游产出不足分析**

序号	城市	旅游总收入（亿元）		接待过夜旅游总人次（万人次）	
		产出不足值	不足率（%）	产出不足值	不足率（%）
1	广州	0	0	0	0
2	深圳	0	0	0	0
3	珠海	0	0	0	0
4	汕头	0	0	0	0
5	佛山	0	0	0	0
6	韶关	0	0	0	0
7	河源	5.090	1.423	413.680	21.315
8	梅州	0	0	0	0
9	惠州	0	0	0	0
10	汕尾	0	0	0	0

续表

序号	城市	旅游总收入（亿元）		接待过夜旅游总人次（万人次）	
		产出不足值	不足率（%）	产出不足值	不足率（%）
11	东莞	0	0	0	0
12	中山	58.970	19.412	858.230	44.220
13	江门	0	0	0	0
14	阳江	0	0	450.378	27.619
15	湛江	0	0	0	0
16	茂名	0	0	0	0
17	肇庆	0	0	583.746	40.706
18	清远	17.848	4.730	1 192.626	83.165
19	潮州	0	0	0	0
20	揭阳	0	0	0	0
21	云浮	0	0	0	0
平均值		3.900	1.217	166.603	10.335

阳江、肇庆的接待过夜旅游总人次不足，说明其应该依托滨海、山体等5A、4A旅游景区资源，做好旅游融合与宣传，提高旅游接待设施吸引力，从而挖掘周末二日游经济的潜能，从而推动城市旅游品牌塑造、旅游人次与收入的整体提升。

第5章

广东旅游目的地口碑分析与民宿品牌塑造实践

5.1　基于网络文本挖掘的游客口碑与舆情分析
——以广东御临门温泉度假村为例

随着互联网技术的发展及自媒体时代的到来，移动互联网的旅游消费比例日益增长。“互联网+”整体服务平台，如携程、同程、途牛、去哪儿等，均以“旅游者的核心需求”为切入点，聚焦大多数消费者的核心需求，致力于满足游客门票、酒店、机票、租车等出游消费行为。“互联网+”对旅游消费的迭代，大大促进了旅游目的地形象传播，也使旅游形象的表征日趋复杂[62]，凡是基于信息不对称的既得利益都将被互联网清剿[63]，对旅游企业的口碑营销及管理带来较大挑战。

互联网时代协同消费商业体的崛起，带动了共享经济这种新型经济模式的迅速发展，并引起了消费者、企业主体、研究学者的广泛关注。共享经济涉及三大主体，包括商品或服务的需求方、供给方和共享经济平台，其最早由美国伊利诺伊大学香槟分校的社会学教授马科斯·费尔逊和琼·斯潘思于1978年提出，他们认为协同消费是一种满足日常需求并与他人建立关系的日常活动。[64]2010年，英国学者雷切尔·博茨曼提出“合作式消费”将推动传统消费模式的重大变革。唐·佩珀斯、玛莎·罗杰斯、钱峰等学者认为，互联网技术的进步，使消费者能获得高度透明、互通的海量信息，并在消费后自发地揭露和抵制企业的各种欺骗和隐瞒行为，使有不当行为的企业受到网络舆论谴责。[65]

旅游企业是服务型员工聚集的接待型企业，具有劳动密集、服务个体差异性大等突出特点，其服务质量与口碑直接决定企业知名度、产品好评度及市场占有率。因此，共享经济时代背景下的旅游企业网络舆情数据挖掘与研究，有利于企业摒弃过去传统的经营陋习，遵照共享经济模式，以游客体验的核心价值、最大利益为出发点，构建服务型企业管理制度层面的口碑及业界诚信，从而实现企业、员工与顾客最终的共赢。乡村温泉旅游景区地理位置不具备优势，属于资源型服务类旅游企业，重视其网络舆情的动态情况研判，对温泉旅游市场的推广、景区品牌的塑造具有积极意义。

5.1.1 研究景区概况

御临门温泉度假村坐落于广东省河源市紫金县九和镇幸福村，中华人民共和国成立前九和镇称为“九和市”，相传原名“九墩埔”，商人刘和师在此设店开圩并逐渐发展壮大，后人为纪念他，将地名和人名合称而得名“九和”。景区距广州市260千米、深圳市210千米、河源市区95千米，是别具巴厘岛风情的大型乡村温泉度假村，规划占地面积1 100亩，现项目占地面积224亩。

御临门温泉度假村2004年6月开始筹建，2006年4月开业，总投资3亿元人民币。2009年被国家旅游局评为AAAA级旅游景区，御临门温泉度假村荣获“中国十大温泉养生基地”称号。为了使度假村的设施设备更加完善，给客人提供更多的休闲娱乐选择，提供更好的服务，御临门温泉度假村于2010年4月与广晟酒店集团正式合作，强强联手。2011年7月1日，广晟酒店集团作为大股东，通过增资扩股方式正式加盟项目的经营管理和规划建设。御临门温泉度假村目前拥有20种各类型特色客房、别墅房共380多间（含60套巴厘岛风情别墅房）、客家/印尼特色餐厅（以凡鸟厅、文竹厅、御皇殿等为代表）、户外烧烤、多功能宴会厅、新型会议中心、大型温泉区等项目设施，历经几年的打造，目前已成为港澳及珠三角地区最热门的旅游休闲胜地。御临门温泉度假村开业以来，经历了跨越式发展、平稳发展两个阶段，其中2007年至2011年，接待旅游者人数稳步增长，5年平均增长率为62.72%；从2012年开始，随着团队、会务游客减少，游客人数趋于平稳，散客旅游人数比例增加（见表5-1）。

表5-1　　**御临门温泉度假村开业以来接待旅游者人数**

年份	接待旅游者人数（人次）	比上一年同期增长率（%）
2007	98 948	110.6
2008	162 991	64.7
2009	281 156	72.5
2010	365 241	29.9
2011	496 241	35.9
2012	465 658	-6.2
2013	459 301	-1.4
2014	455 471	-0.8
2015	408 494	-10.3
2016	397 486	-2.7
2017	407 297	2.5
2018	413 475	1.5
2019	415 843	0.6

数据来源：广东省河源市统计年鉴.

5.1.2 研究方法与数据来源

温泉旅游可归类为体验式旅游，其旅游审美可以分成三个阶段——游前预期、游中体验、游后回忆[66]，无论是哪个阶段，景区为游客提供的参与性和亲历性活动，并促使游客从中感到快乐的体验，对良好的口碑效应形成都具有显著作用。乡村温泉旅游区位优势不明显，其资源特征、审美体验、服务效能的最大化体现，尤其是对网络宣传及网络评价的收集，对景区的可持续经营与发展至关重要。在旅游口碑、网络舆情等非结构化测量的数据挖掘手段中，沈阳教授研发的内容挖掘系统软件ROST Content Mining非常适合，且效果良好。

本书通过收集携程、去哪儿、同程、美团等在线旅游网站对御临门温泉度假村的体验评价，聚焦近一年的最新网络评价文本，开展分词、词频统计，情感倾向、语义网络及社会网络等挖掘分析，从定性与定量的分析角度，对御临门温泉度假村的游客体验效应、感知口碑、网络舆情现状与趋势进行研究，以期为景区营销宣传、游客关系维系、温泉旅游品牌的塑造等提出优化建议。

5.1.3 研究步骤

（1）基于ROST的网络舆情收集

温泉旅游目的地淡旺季较为明显，呈现出明显的秋冬旺季旅游的特征，为了确保评价的代表性、准确性及全面性，通过对同程、美团、携程、马蜂窝、途牛、猫途鹰、去哪儿7个旅游网站上御临门温泉度假村游客体验后的评价文本进行挖掘，对7个OTA网站的游客评价文本进行全面、系统的收集，覆盖到了各个旅游旺季，如春节、国庆、元旦、寒假等。同时，为了增加比对效应，将官方网页宣传文本亦进行词频挖掘分析。由表5-2可知，共计收集有效网络评价文本1 035篇，其中携程732篇，占70.7%，为评价文本的主要数据来源；去哪儿样本数为191篇，占18.5%，美团、同程样本数不多，而马蜂窝、途牛、猫途鹰样本数较少。

表5-2　　御临门温泉度假村网络评价文本采集统计

网络平台名称	样本数	所占比例
同程	24	2.3%
美团	67	6.5%
携程	732	70.7%
马蜂窝	5	0.5%
途牛	13	1.3%
猫途鹰	3	0.2%
去哪儿	191	18.5%
合计	1 035	100%

（2）高频词比对分析

将7个旅游网站挖掘的1 035篇评价文本进行汇总，并整理为“御临门温泉度假村游客体验评价.txt”，将其导入ROST Content Mining软件进行词频分析，利用过滤表过滤与研究主题无关的、无明显代表意义的词汇，例如“酒店”“总体”“这次”“有待”等无意义词，过滤后形成有效高频词“温泉”“环境”“房间”“服务”等76个（见表5-3）。通过对官方宣传文本进行词频分析，得出“温泉”“度假村”“巴厘岛”等有效高频关键词19个。

表5-3　**御临门温泉度假村游客评价高频特征词**

游客体验评价文本								官网宣传文本	
游客评价特征词	频次	游客评价特征词	频次	游客评价特征词	频次	游客评价特征词	频次	特征词	频次
温泉	690	方便	60	管理	34	第一次	25	温泉	43
环境	574	地方	59	天然	33	位置	23	度假村	19
房间	331	态度	58	人员	33	适合	23	巴厘岛	10
服务	274	前台	50	小时	33	正宗	23	旅游	8
设施	155	优美	50	装修	32	质量	22	项目	7
温泉水	145	周边	49	皮肤	31	小孩	22	休闲	7
舒服	128	开心	47	时间	31	农家	22	服务	6
水质	100	度假	47	二次	30	品种	21	别墅	6
满意	98	空气	46	陈旧	29	假期	21	风情	6
干净	92	度假村	46	巴厘岛	29	池子	21	设施	6
早餐	84	高速	44	整体	28	享受	20	度假	5
值得	84	一流	44	真正	28	热水	20	商务	5
下次	81	餐厅	43	房型	26	独立	19	建筑	4
卫生	81	硫磺	40	不足	26	齐全	19	容纳	4
泉池	79	选择	39	交通	26	小朋友	19	水质	4
别墅	79	花园	38	漂亮	26	不够	19	天然	4
入住	69	服务员	37	公共	26	人多	18	豪华	4
朋友	69	晚上	36	不多	25	特色	18	异域	3
味道	62	舒适	35	可惜	25	有机	18	养生	3

（3）高频词类目与社会语义分析

网络时代，旅游者预订温泉旅游消费前，往往会通过其官网、在线旅游平台、旅游游记等渠道，详细了解景区的设施条件、餐饮服务、价格水平、交通指南等重要资讯，形成心理预期，从而确定购买行为。为了更好地分析御临门温泉度假村游客体验评价的类型，将76个游客评价高频特征词，从旅游吸引物、旅游环境氛围、旅游景区文化、旅游体验、旅游宣传推介、旅游资源评价6类感知对象进行分类归纳[66]（见表5-4）。通过类目比对分析，可以更加深入地了解其旅游资源特色、景区文化特征、旅游服务水平等关键口碑评价情况。

表5-4　　御临门温泉度假村游客体验后评价分析类目

类目	部分高频词	类目	部分高频词
旅游吸引物	温泉、房间、别墅、度假村	旅游体验	舒服、态度、满意、舒适
旅游环境氛围	环境、服务、卫生、味道	旅游宣传推介	温泉水、泉池、度假、高速
旅游景区文化	朋友、优美、巴厘岛、天然	旅游资源评价	一流、硫磺、正宗、农家

为了进一步对游客感知对象情况进行研究，通过分析游客评价高频特征词，构建御临门温泉度假村网络文本社会语义网络矩阵图（如图5-1所示）。从图中可见，“温泉”“环境”“设施”等高频词是重要节

点。根据社会语义网络矩阵图的分布规则，高频词与核心高频词的关系，取决于其与核心高频词的距离，越靠近核心高频词的关系越密切。结果显示，御临门温泉度假村作为粤北山区温泉旅游目的地的代表，其资源特色、生态环境、设施构建是游客体验聚焦点，这与官方宣传文本强调的100%天然温泉水质、优美度假胜地形象基本相符，也进一步强化了广东河源市“温泉之都”的城市名片。

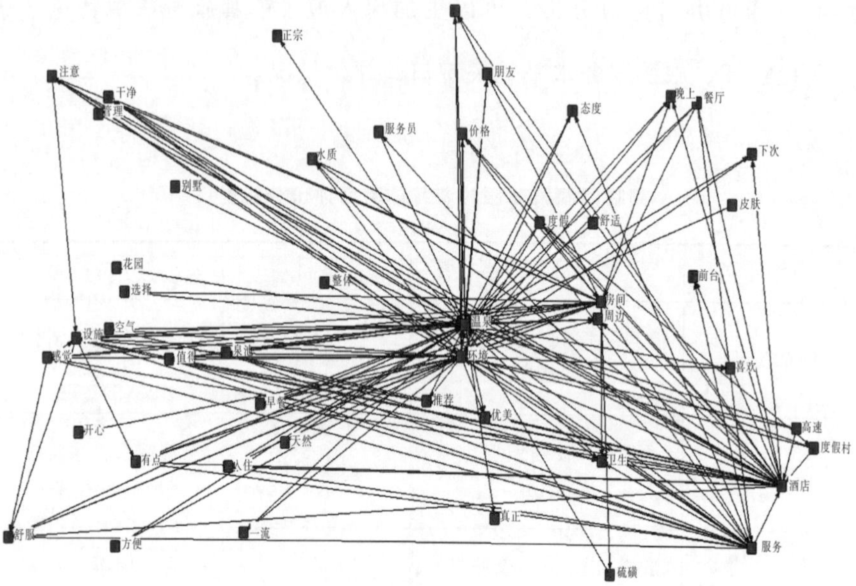

图5-1　御临门温泉度假村网络文本社会语义网络矩阵图

（4）旅游体验后情感倾向分析

网络文本的情感态度主要针对文本数据中游客评价中带有感情色彩的名词、形容词进行剖析，从而得到游客对旅游景区、目的地的感知体验及直观印象[68]。通过对御临门温泉度假村网络文本进行“情感分析”，在分析表中，我们可以看到游客的积极情感所占比例为83.44%，中性情感为8.81%，而消极情感为7.75%。由此可见，游客好评度非常高，中性、消极情感比例较少。在游客的积极情感分段统计中，一般积极情感占总样本的34.76%、中度积极情感占28.25%、高度积极情感占20.43%；游客消极情感分段统计中，一般消极情感占总样本的6.92%、中度消极情感占0.83%、高度消极情感为0（见表5-5）。

表5-5　御临门温泉度假村旅游体验评价情感分析表

情感类别	词语数（条）	比例（%）	情绪分段统计	词语数（条）	比例（%）
积极情感	1 013	83.44	一般（0～10）	422	34.76
			中度（10～20）	343	28.25
			高度（20以上）	248	20.43
中性情感	107	8.81		107	8.81
消极情感	94	7.75	一般（-10～0）	84	6.92
			中度（-20～-10）	10	0.83
			高度（-20以下）	0	0
总计	1 214	100		1 214	100

5.1.4　结论与讨论

御临门温泉度假村作为广东乡村温泉旅游目的地的典型代表，其独特的巴厘岛异域温泉环境的构建，在网络上受到游客的广泛好评，从76个网络评价高频特征词可以看到，既有“环境”“水质”“泉池”

"别墅""空气"等硬件的感知体验评价，亦有"服务""朋友""态度""优美"等软件环境、对客服务等体验评价。根据对御临门温泉度假村旅游体验评价的情感分析，可以得出，游客对其好评度颇高，超过80%的游客表达了积极情感，并有20.43%给予了高度积极评价，这反映出景区在硬件及软件的综合运营中，得到了游客的肯定。与此同时，高频特征词中也出现了"陈旧""不足""不多""可惜""不够"等消极评价，从评价情感分析表中反映出消极情感占7.75%，主要集中在一般消极情感、中度消极情感。旅游景区服务行为的满意度由复杂要素组成，既包括自然环境的构建、也包括管理环境的营造。[69]从负面评价的高频词揭示出景区经历10年的运营，部分设施需要维护与更新，景区体验项目需要补充，以保证游客参与性、互动性设施的质量，从而提高网络口碑。

体验经济时代，旅游景区营销需要满足消费者欲望并增加顾客体验。[70]"互联网+"促进了新的商业模式变革，共享经济成为旅游经济发展新趋势，日益影响旅游产业的转型升级、创新发展。ROST Content Mining文本分析软件可以有效地挖掘游客售后评价数据，剖析消费体验后的高频特征词、情感色彩、社会语义聚焦情况，从而鞭策景区改善服务质量。旅游共享经济是互联网、大数据、云计算在旅游产业转型中的具体运用，其有助于提高旅游资源的利用率及产业效益。[71]网络平台是旅游共享经济的载体及基础，乡村温泉旅游目的地往往具有资源型特色，其地理位置不占优势，交通可进入性较差，故景区更应以温泉资源为载体，做好网络营销、网络舆情收集。景区可以通过网络口碑的良性互动，塑造鲜明的旅游度假品牌。随着全域旅游的实施，温泉旅游产业应该基于乡土文化特色，辐射带动观光农业、文化演艺、创意商品等全产业链的发展，从而培育区域“温泉+”旅游产业圈，提高乡村温泉旅游地社区民众的生活水平。

5.2　数据足迹视域下的广东古驿道旅游开发及口碑分析
——以河源段为例

5.2.1　河源粤赣古驿道现状

粤赣古驿道河源段主要分布于河源市和平、连平和东源县境内，粤赣古驿道主道总体呈南北向，由北至南从和平县浰源镇、热水镇、青州镇，向南通往连平县绣缎、大湖、三角、高莞、忠信5镇，再向南通往东源县顺天、涧头、双江3镇至河源市区茶山公园，与水域相贯通，主道总长约150千米，粤赣古驿道总长约270.62千米，是一条“起于民间、兴于商贸”代代相传的民间商贸通道。

粤赣古驿道河源段沿途的历史故事主要包括赵佗、王阳明、文天祥、曾敖、何八老爷等名人轶事以及东江游击队等近代红色历史。在现有的古驿道中，和平县青州镇、连平县大湖镇、东源县双江镇古驿道保存相对较多、较好。青州镇保存较好的长约4.9千米，保存一般或被覆盖的长约5.4千米，总长达10.3千米，经清理修复已全部成为较好的古驿道资源，里程与乳源县相当（乳源县西京古道享誉广东，保存较好的有七处，总长约9.2千米）。东源段精华段起点为双江镇寨子村，终点为新港镇斗凹万绿湖边，总长为13.62千米（其中古道本体为3.47千米），主要是山地型古道。大湖–热水段精华段起点为连平县绣段镇关爷埂，终点为和平县青州镇茶亭墩，总长度为6.13千米，其中古道本体4.39千米，主要是山地型古道，连接线1.74千米。

根据广东住房和城乡建设厅印发的《2018年南粤古驿道重点线路选取与保护利用工作计划》，河源市委市政府将重点梳理研究《寻乌调查》描述的贸易路线，打造“寻乌调查红色之旅”，同时挖掘粤赣古道与寻乌水系历史渊源，策划“寻乌东江之源”主题路线。迄今为止，河源市已成功举办南粤古驿道定向大赛（河源连平站）、南粤古驿道大湖古村落徒步穿越、大湖寨千人宴等多种以赛带“道”的文体旅融合发展的“古驿道+”活动。除此之外，当地将举办荧光夜跑、体育名将支教下乡等活动，并开展非遗文化展示、特色农产品展销、特色美食展等活动，全方位宣传、推介、展示当地和河源经济社会发展成果和人文历史、红色文化、特色美食、自然风光、旅游景点路线等，推动河源“古驿道+旅游”“古驿道+体育”“古驿道+文创”“古驿道+特色农业”“古驿道+特色制造业”等关联产业的融合，培育古驿道产业新型业态，提升古驿道的综合功能与品牌效益。

5.2.2 河源粤赣古驿道旅游资源开发情况

河源粤赣古驿道沿线景区生态环境优越，历史底蕴深厚，自然资源与人文遗址交相辉映，各有千秋，详见沿线旅游景区及资源特色汇总表（见表5-6）。

表5-6　　河源粤赣古驿道沿线旅游景区及资源特色汇总表

景点名称	景点概况	资源特色
万绿湖	万绿湖是华南第一大人工湖，万绿湖风景区位于广东省河源市东源县境内，因处处皆绿而取名为万绿湖。其集水域壮美、水质纯美、水性恬美、水色秀美于一身，全国罕见	水域壮美 水质纯美 水性恬美 水色秀美
苏家围	苏家围位于广东省河源市义合镇，距河源市区约26千米。东江和久社河在它的南面交汇，整个村子山水环绕，绿色相拥，环境优美，有“中国的画里乡村”的美誉	山村秀美 历史悠久 文化底蕴深厚
黄龙岩畲族风情旅游区	黄龙岩畲族风情旅游区位于距河源市区59千米的东源县漳溪畲族乡高嶂山脉，占地约20平方千米，由高嶂山、狮型地水库和黄龙岩洞、侧身岩、燕岩石等7个溶洞以及畲族文化展览厅、畲族风情表演等项目组成	溶洞奇特 民俗特色多 植物种类多、价值高
南园古村	南园古村位于广东省东源县仙塘镇红光村，是河源市现存规模较大、历史悠久、文化底蕴深厚、保存较完好的有代表性的客家古村落之一	环境优美 建筑风格多样
东江画廊	东江画廊风景区位于东江流域东源县境内，距离河源市区7千米，东江画廊是集客家风情、田园风光、科普教育、农业科技、休闲娱乐于一体的全新旅游风景区	田园风光 客家风情浓厚
连平博物馆	连平博物馆位于广东省连平县南山公园内，主要从事文物收藏、文物陈列、文物征集、文物保护、考古研究。其主要陈列“三十六字官箴”和颜氏三代的题跋译文及颜氏三代传承官箴等	馆藏丰富 观赏价值高 历史文化底蕴深厚

续表

景点名称	景点概况	资源特色
九连山脉	九连山脉位于赣粤边界、南岭东部的核心部位，山脉东北西南走向，是赣江与东江、东江与滃江的分水岭。九连山脉内保存有较大面积的原生性常绿阔叶林，素有“生物资源基因库”“赣江源头”之称，是国内外科学家关注的地方，为南岭东部的一座绿色宝库	奇山众多 山峰绵延 峰峦叠嶂
白云楼	白云楼坐落在荆门城区青龙山西麓，建筑物飞檐凌空，斗拱别致，石雕工艺精细，内涵丰富，是荆楚地区古建筑中不可多得的瑰宝	石雕工艺精细 内涵丰富 文化艺术价值高
林寨古村	广东省河源市和平县林寨古村以中国最大的四角楼建筑群著名，是典型客家风格的四角楼，其规模大、数量多、建筑艺术精湛、文化底蕴深厚，在全省乃至全国实属罕见	建筑规模大、数量多 建筑艺术精湛
热龙温泉度假村	热龙温泉度假村位于广东省河源市和平县热水镇，是已开发利用的温泉中少见的纯天然、无污染优质温泉，被誉为“岭南养生第一温泉”	泉水清澈透明
荣佳国韵温泉度假村	荣佳国韵温泉度假村是集温泉、住宿、餐饮、娱乐、休闲、健身、商务于一体的大型综合性的度假村，地处河源市和平县大坝镇汤湖村，是休闲度假的理想之地	水质清澈透明 服务设施完善

资料来源：根据旅游景区官网及相关资料整理.

5.2.3 基于ROST软件分析的河源粤赣古驿道旅游地形象感知调查

5.2.3.1 调研介绍

古驿道及其周边景区的形象测量涉及因素众多，情况较为复杂，传统的结构性问卷调查与测量，往往受限于受调查者个人主观选择和爱好的影响，很难对生态旅游形象进行全面的研判与评价。调研运用旅游形象非结构化测量的数据挖掘手段对旅游网络文本进行分词、词频统计、情感倾向、社会语义网络图等针对性分析，从而实现定性与定量的有机结合，对旅游目的地形象评价更具有说服力。

本研究运用ROST Content Mining文本分析软件，收集同程、美团、携程、马蜂窝、去哪儿等旅游网站的游客对11个河源粤赣古驿道沿线的旅游景区售后真实评价、游记样本等，挖掘提取其旅游形象的高频特征词，从而对景区旅游形象进行研究，以期对景区的游客感知对象、旅游品牌打造提出可借鉴的策略。

5.2.3.2　调研数据分析

（1）万绿湖

万绿湖网络文本采集样本统计见表5-7。

表5-7　**万绿湖网络文本采集样本统计**

序号	网络平台名称	样本数	满意度（%）
1	同程	2 194	98
2	携程	1 546	86
3	马蜂窝	303	96
4	美团	1 959	80
5	去哪儿	2 492	94
合计		8 494	—

通过词频分析，得到表5-8万绿湖游客评价高频特征词，其中出现

频次较高的有“景点”“风景”“景色”，分别达到39次、35次、27次，说明游客对景区资源及环境等方面的关注度较高。

表5-8　　**万绿湖游客评价高频特征词**

游客评价特征词	频次	游客评价特征词	频次	游客评价特征词	频次	游客评价特征词	频次
景点	39	开发	13	值得	8	国庆	5
风景	35	时间	12	二次	6	干净	5
景色	27	值得一去	12	水位	6	钓鱼	5
游玩	27	适合	11	碧绿	6	岛屿	5
坐船	26	不值	11	舒服	6	徒步	4
湖水	25	漂亮	11	分钟	6	生态	4
三个	25	体验	10	第二	5	酒店	4
门票	23	设施	10	水库	5	清新	4
河源	22	水质	10	游览	5	乘船	4
岛上	22	特色	9	优惠	5	温泉	4
空气	21	清澈	9	优美	5	朋友	4
环境	18	旅游	9	农夫	5	其他	4
游船	16	景区	9	船票	5	拍照	4
小岛	16	小时	9	人工湖	5	山清水秀	4
地方	15	欣赏	8	走走	5	原生态	4
方便	13	船上	8	山泉	5	露营	4

通过游客在各大网站对万绿湖的评价进行ROST分析得出图5-2万绿湖网络文本社会语义网络矩阵图，从图5-2中可以看出“风景”“空气”“游玩”“湖水”“游船”这几方面的交集点比较多，说明游客对这几方面的关注度较高，也反映出该景区应该密切关注资源及环境，提升游客对景区的体验满意度。

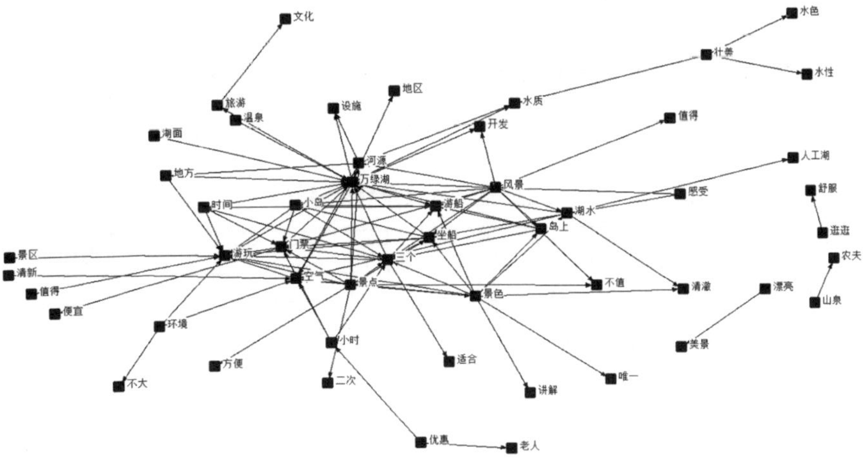

图5-2　万绿湖网络文本社会语义网络矩阵图

通过游客在各大网站对万绿湖的评价进行ROST分析得出表5-9万绿湖网络口碑评价情感分析表，可以看出评价的总词条有205条，其中积极情感较多，有163条，占总词条数的79.51%，高度积极情感占19.51%；中性情感和消极情感较少，分别占4.88%和15.61%，高度消极情感为0，说明游客对万绿湖的满意度较高。

表5-9　　**万绿湖网络口碑评价情感分析表**

情感类别	词语数（条）	比例（%）	情绪分段统计	词语数（条）	比例（%）
积极情感	163	79.51	一般（0~10）	65	31.71
			中度（10~20）	58	28.29
			高度（20以上）	40	19.51
中性情感	10	4.88		10	4.88
消极情感	32	15.61	一般（-10~0）	25	12.20
			中度（-20~-10）	7	3.41
			高度（-20以下）	0	0
总计	205	100		205	100

（2）苏家围

苏家围网络文本采集样本统计见表5-10。

表5-10　　苏家围网络文本采集样本统计

序号	网络平台名称	样本数	满意度（%）
1	同程	186	95
2	携程	88	72
3	马蜂窝	29	79
4	美团	173	78
5	去哪儿	92	88
合计		568	—

通过词频分析，得到表5-11苏家围游客评价高频特征词，其中出现频次较高的有“客家”“环境”“门票”“地方”“景点”，分别出现72次、65次、62次、60次、56次，说明游客对“客家文化”“门票价格”这两方面的关注度较高。

表5-11　　苏家围游客评价高频特征词

游客评价特征词	频次	游客评价特征词	频次	游客评价特征词	频次	游客评价特征词	频次
客家	72	值得一去	23	好看	11	宁静	8
环境	65	游玩	21	好玩	11	维护	8
门票	62	东坡	21	走走	11	村庄	8
地方	60	方便	20	旁边	11	过去	8
景点	56	空气	20	客家人	11	普通	8
苏家	53	建筑	19	清新	11	公路	8
景区	48	服务	19	时间	10	整个	8
值得	36	朋友	18	江边	10	小吃	5
村落	36	管理	17	气息	10	停车场	5
进去	34	适合	16	设施	9	休闲	5
文化	34	开心	16	多年	9	舒服	5
历史	32	游客	16	整体	9	淳朴	5
乡村	29	停车费	15	风光	9	坐车	5

续表

游客评价特征词	频次	游客评价特征词	频次	游客评价特征词	频次	游客评价特征词	频次
特色	28	村子	15	垃圾	9	荷花	5
风景	27	不大	15	便宜	9	聚居地	5
围屋	27	竹林	15	玩的	9	到处	7
东江	27	收费	14	还要	9	欣赏	7
不值	26	后裔	12	可看	8	完了	7
景色	26	古朴	12	小路	8	导游	7
性价比	25	河源	12	免费	8	风情	7
房子	25	不多	12	组成	8	体验	7

通过游客在各大网站对苏家围的评价进行ROST分析得出图5-3苏家围网络文本社会语义网络矩阵图，可以看出“客家”“文化”“环境”“苏家”“围屋”这几方面的交集点比较多，说明游客对客家文化、建筑特色方面的关注度较高，该景区应该围绕这几方面，引导游客体验文化内涵，做好客家文化旅游资源导览工作。

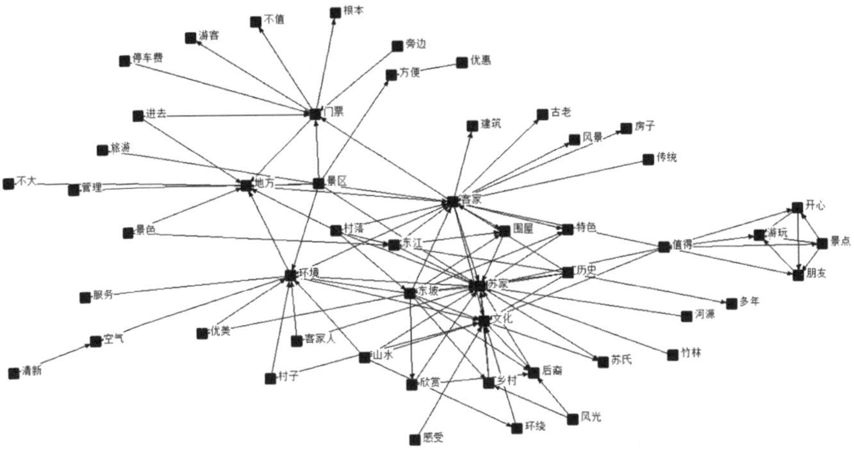

图5-3 苏家围网络文本社会语义网络矩阵图

通过游客在各大网站对苏家围的评价进行ROST分析得出表5-12苏家围网络口碑评价情感分析表，可以看出评价的总词条有473条，其中积极情感较多，有311条，占总词条数的65.75%，高度积极情感占9.51%；中性情感和消极情感分别占12.05%和22.20%，高度消极情感占0.42%，说明游客对苏家围的满意度一般，消极情感比例偏高。

表5-12　　苏家围网络口碑评价情感分析表

情感类别	词语数（条）	比例（%）	情绪分段统计	词语数（条）	比例（%）
积极情感	311	65.75	一般（0~10）	158	33.40
			中度（10~20）	108	22.83
			高度（20以上）	45	9.52
中性情感	57	12.05		57	12.05
消极情感	105	22.20	一般（-10~0）	75	15.86
			中度（-20~-10）	28	5.92
			高度（-20以下）	2	0.42
总计	473	100		473	100

（3）黄龙岩畲族风情旅游区

黄龙岩畲族风情旅游区网络文本采集样本统计见表5-13。

表5-13　　黄龙岩畲族风情旅游区网络文本采集样本统计

序号	网络平台名称	样本数	满意度（%）
1	同程	166	98
2	携程	40	82
3	马蜂窝	17	74
4	美团	224	76
5	去哪儿	31	84
合计		478	—

通过词频分析，得到表5-14黄龙岩畲族风情旅游区游客评价高频特征词，其中出现频次较高的有“溶洞”“门票”“景区”“表演”“收费”，分别出现48次、32次、30次、29次、27次，说明游客对溶洞资源、特色表演、门票价格及收费等方面的关注度较高。

表5-14　**黄龙岩畲族风情旅游区游客评价高频特征词**

游客评价特征词	频次	游客评价特征词	频次	游客评价特征词	频次	游客评价特征词	频次
溶洞	48	不值	11	总体	7	第二	5
门票	32	空气	10	建议	7	互动	5
景区	30	进去	10	不多	7	完了	5
表演	29	态度	9	老人	7	大门	5
收费	27	凉快	9	适合	7	不满	5
景点	26	电梯	9	不够	7	第一次	5
景色	22	下山	9	滑道	7	清新	5
岩洞	22	坑人	9	山洞	7	洞口	5
环境	20	值得	9	拍照	6	漂亮	5
玻璃	20	和尚	9	不大	6	夏天	5
好玩	16	观光	8	节目	6	准备	5
服务	15	导游	8	钟乳石	6	楼梯	5
地方	14	分钟	8	黄龙	6	项目	5
风景	13	漂流	8	时间	6	喀斯特	4
畲族	13	停车费	8	爬山	6	也就	4
龙岩	13	小孩	8	自然	6	意思	4
还要	12	走走	7	超级	6	小时	4
免费	12	游玩	7	人员	6	交通	4
值得	12	旅游	7	景观	6	桂林	4
下来	12	特色	7	其他	6	好吃	4
好看	11	烧香	7	设施	6	注意	4

通过游客在各大网站对黄龙岩畲族风情旅游区的评价进行ROST分析得出图5-4黄龙岩畲族风情旅游区网络文本社会语义网络矩阵图，可以看出“溶洞”“收费”“表演”“滑道”“空气”这几方面的交集点比较多，说明游客对收费项目的关注度较高，该景区应该密切关注游客对景区的网评意见。

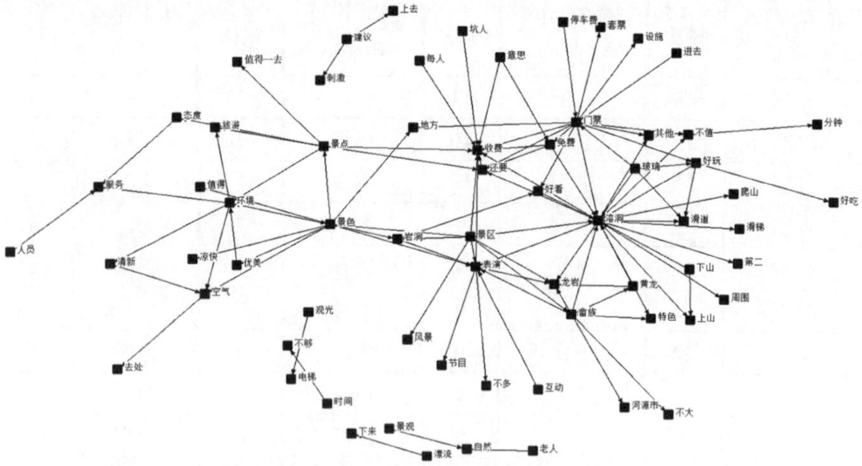

图5-4　黄龙岩畲族风情旅游区网络文本社会语义网络矩阵图

通过游客在各大网站对黄龙岩畲族风情旅游区的评价进行ROST分析得出表5-15黄龙岩畲族风情旅游区网络口碑评价情感分析表，可以看出评价的总词条有224条，其中积极情感较多，有154条，占总词条数的68.75%，高度积极情感占15.63%；而中性情感和消极情感分别占10.71%和20.54%，高度消极情感占0.45%，说明游客对黄龙岩畲族风情旅游区的满意度一般，消极情感比例偏高。

表 5-15　　黄龙岩畲族风情旅游区网络口碑评价情感分析表

情感类别	词语数（条）	比例（%）	情绪分段统计	词语数（条）	比例（%）
积极情感	154	68.75	一般（0~10）	75	33.48
			中度（10~20）	44	19.64
			高度（20 以上）	35	15.63
中性情感	24	10.71		24	10.71
消极情感	46	20.54	一般（-10~0）	35	15.63
			中度（-20~-10）	10	4.46
			高度（-20 以下）	1	0.45
总计	224	100		224	100

（4）南园古村

南园古村网络文本采集样本统计见表 5-16。

表 5-16　　南园古村网络文本采集样本统计

序号	网络平台名称	样本数	满意度（%）
1	同程	—	—
2	携程	16	76
3	马蜂窝	6	87
4	美团	2	84
5	去哪儿	12	86
合计		36	—

通过词频分析，得到表 5-17 南园古村游客评价高频特征词，其中出现频次较高的有“导游”“客家”“门票”“建筑”，分别出现 10 次、10 次、8 次、8 次，说明游客对客家文化、门票情况、建筑特色等方面的关注度较高。

表5-17　　　　**南园古村游客评价高频特征词**

游客评价特征词	频次	游客评价特征词	频次	游客评价特征词	频次	游客评价特征词	频次
导游	10	人员	4	翻新	3	停车费	2
客家	10	村落	4	休闲游	2	维护	2
门票	8	历史	4	经过	2	自然	2
建筑	8	小时	3	离开	2	网上	2
景点	8	锁门	3	游玩	2	牌匾	2
房子	7	河源市	3	还要	2	收钱	2
根本	6	破败	3	快点	2	反正	2
书院	6	外面	3	到处	2	河源	2
值得	6	代表性	3	地区	2	完全	2
文化	4	民俗	3	多亏	2	时期	2
当地	4	衙门	3	生活在	2	深厚	2
原生态	4	花点	3	红光	2	指引	2
地方	4	旧宅	3	太清	2	同一天	2
参观	4	悠久	3	停车场	2	例外	2

通过游客在各大网站对南园古村的评价进行ROST分析得出图5-5南园古村网络文本社会语义网络矩阵图，可以看出“文化”“导游”“悠久”“代表性”这几方面的交集点比较多，说明游客对有代表性的客家文化的关注度较高。

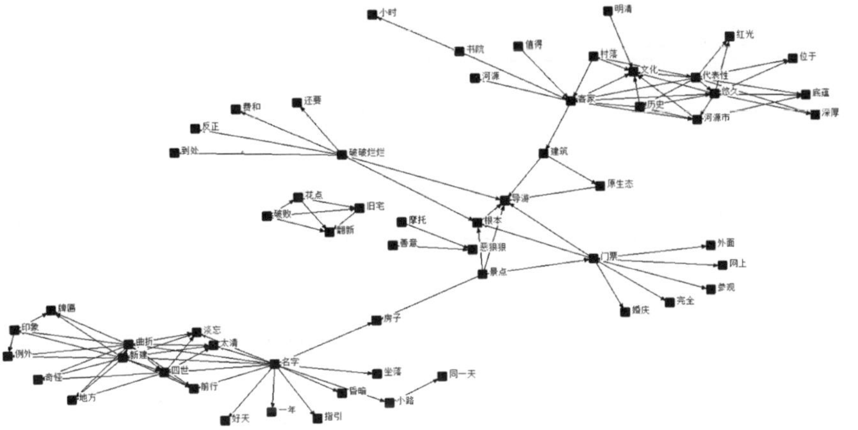

图5-5　南园古村网络文本社会语义网络矩阵图

通过游客在各大网站对南园古村的评价进行ROST分析得出表5-18南园古村网络口碑评价情感分析表，从图中可以看出评价的总词条有34条，其中积极情感较多，有20条，占总词条数的58.82%，高度积极情感占5.88%；而中性情感和消极情感分别占17.65%和23.53%，高度消极情感为0，说明游客对南园古村的满意度一般，消极情感比例偏高。

表5-18　　　　南园古村网络口碑评价情感分析表

情感类别	词语数（条）	比例（%）	情绪分段统计	词语数（条）	比例（%）
积极情感	20	58.82	一般（0~10）	14	41.18
			中度（10~20）	4	11.76
			高度（20以上）	2	5.88
中性情感	6	17.65		6	17.65
消极情感	8	23.53	一般（-10~0）	6	17.65
			中度（-20~-10）	2	5.88
			高度（-20以下）	0	0
总计	34	100		34	100

（5）东江画廊

东江画廊网络文本采集样本统计见表5-19。

表5-19　东江画廊网络文本采集样本统计

序号	网络平台名称	样本数	满意度（%）
1	同程	—	—
2	携程	24	84
3	马蜂窝	5	92
4	美团	5	86
5	去哪儿	17	88
合计		51	—

通过词频分析，得到表5-20东江画廊游客评价高频特征词，有“东江”“画廊”等。其中值得关注的有“表演”“游船”，分别达到11次、10次。

表5-20　东江画廊游客评价高频特征词

游客评价特征词	频次	游客评价特征词	频次	游客评价特征词	频次	游客评价特征词	频次
东江	21	风情	5	悠悠	3	清新	3
画廊	16	南国	5	小孩	3	清秀	3
客家	14	两边	5	要好	3	江水	3
风光	11	苏家	5	精彩	3	一笔	3
表演	11	市区	4	珠海	3	泉池	3
风景	11	游客	4	整个	3	水上	3
游船	10	最为	4	空气	3	涂抹	3
环境	10	早上	4	竹美	3	水乡	3
船上	8	乐园	4	规模	3	清澈	3
田园	7	唱歌	4	虽说	3	美女	3
两岸	6	景色	4	招牌	3	不值	3
长廊	6	旅游	4	色彩	3	休闲	3
百里	6	吃饭	4	实在	3	可惜	3
景区	6	值得	4	东岸	3	甘美	3
自然	5	千米	3	相比	3	室内	3

通过游客在各大网站对东江画廊的评价进行ROST分析得出图5-6东江画廊网络文本社会语义网络矩阵图，可以看出“风光”“旅游”“环境”“风景”“客家”这些方面的交集点比较多，说明游客对旅游风景资源的关注度较高。

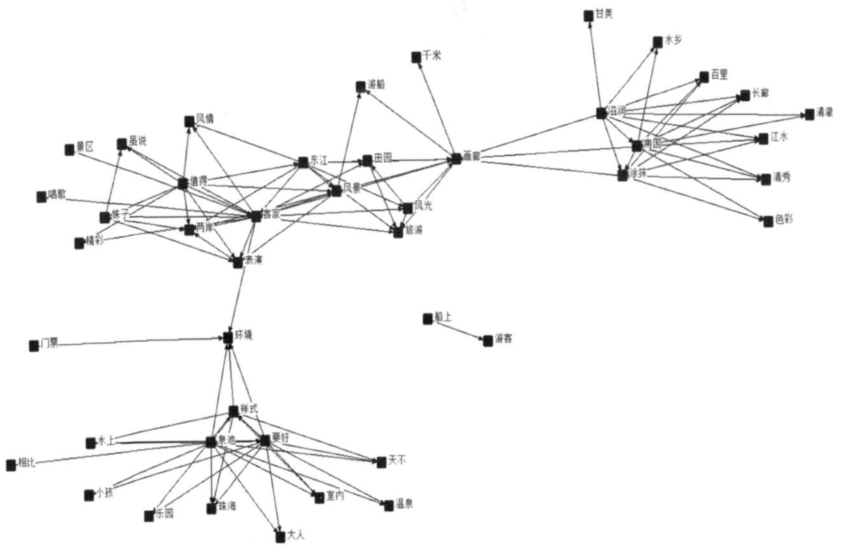

图5-6 东江画廊网络文本社会语义网络矩阵图

通过游客在各大网站对东江画廊的评价进行ROST分析得出表5-21东江画廊网络口碑评价情感分析表，可以看出评价的总词条有50条，其中积极情感较多，有37条，占总词条数的74%，高度积极情感占32%；而中性情感和消极情感较少，分别占16%和10%，高度消极情感为0，说明游客对东江画廊的满意度较高。

表5-21　　东江画廊网络口碑评价情感分析表

情感类别	词语数（条）	比例（%）	情绪分段统计	词语数（条）	比例（%）
积极情感	37	74	一般（0~10）	13	26
			中度（10~20）	8	16
			高度（20以上）	16	32
中性情感	8	16		8	16
消极情感	5	10	一般（-10~0）	4	8
			中度（-20~-10）	1	2
			高度（-20以下）	0	0
总计	50	100		50	100

（6）连平博物馆

连平博物馆网络文本采集样本统计见表5-22。

表5-22　　连平博物馆网络文本采集样本统计

序号	网络平台名称	样本数	满意度（%）
1	同程	—	—
2	携程	9	84
3	马蜂窝	1	60
4	美团	—	—
5	去哪儿	—	—
合计		10	—

从表5-22可见，连平博物馆网络文本样本数偏少，说明游客量及线上评价数据不足。通过词频分析，得到表5-23连平博物馆游客评价高频特征词，其中出现频次较高的有“恐龙蛋”“连平”“恐龙”“化石”等，说明游客对馆内资源方面的关注度较高。

表5-23　　连平博物馆游客评价高频特征词

游客评价特征词	频次	游客评价特征词	频次	游客评价特征词	频次	游客评价特征词	频次
恐龙蛋	3	时不时	1	工地	1	闭门	1
连平	3	不多	1	风俗人情	1	馆藏	1
恐龙	2	应可	1	内部	1	人文	1
河源	2	圣地	1	远古	1	出土	1
化石	2	文化	1	建设	1	活化石	1
值得	2	旅游	1	建筑	1	大于	1
宰相	1	特色	1	地理	1	展示	1
开发	1	值得	1	多种	1	毗邻	1
性价比	1	市区	1	事业	1	时代	1
博物馆	1	景色	1	氛围	1	拍照	1
节假日	1	直属	1	历史	1	发展	1

通过游客在各大网站对连平博物馆的评价进行ROST分析得出图5-7连平博物馆网络文本社会语义网络矩阵图，从图中可以看出“恐龙蛋”“化石”等方面的交集点比较多。

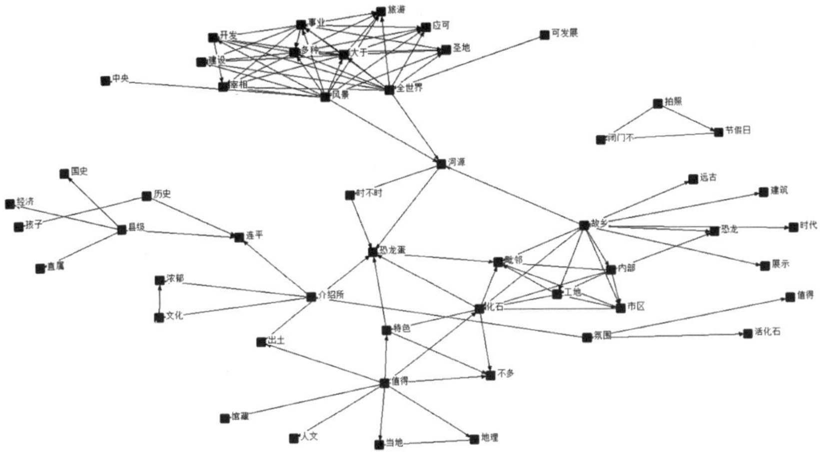

图5-7　连平博物馆网络文本社会语义网络矩阵图

通过游客在各大网站对连平博物馆的评价进行ROST分析得出表5-24连平博物馆网络口碑评价情感分析表，可以看出评价的总词条有10条，其中积极情感较多，有8条，占总词条数的80%；而中性情感和消极情感较少，均占10%，高度消极情感为0，说明游客对连平博物馆的满意度较高。

表5-24　　**连平博物馆网络口碑评价情感分析表**

情感类别	词语数（条）	比例（%）	情绪分段统计	词语数（条）	比例（%）
积极情感	8	80.00	一般（0~10）	5	50.00
			中度（10~20）	3	30.00
			高度（20以上）	0	0
中性情感	1	10.00		1	10.00
消极情感	1	10.00	一般（-10~0）	1	10.00
			中度（-20~-10）	0	0
			高度（-20以下）	0	0
总计	10	100		10	100

（7）九连山

九连山网络文本采集样本统计见表5-25。

表5-25　　**九连山网络文本采集样本统计**

序号	网络平台名称	样本数	满意度（%）
1	同程网	—	—
2	携程网	28	90
3	马蜂窝	1	80
4	美团网	—	—
5	去哪儿	22	99
合计		51	—

通过词频分析，得到表5-26九连山游客评价高频特征词，其中出现频次较高的有“漂流”“刺激”“风景”，分别出现10次、5次、5次。

表5-26　　九连山游客评价高频特征词

游客评价特征词	频次	游客评价特征词	频次	游客评价特征词	频次	游客评价特征词	频次
漂流	10	原始	2	森林	3	旅游	2
刺激	5	开心	2	秀丽	3	亲身	2
风景	5	下次	2	最好	3	提前	2
新河	4	去处	2	当地	2	客家	2
好玩	4	风景区	2	建议	2	优美	2
体验	4	门票	2	地方	2	连平	2
玩的	4	准备	2	一家人	2	景点	2
九连	4	宜人	2	清澈	2	景色	2
项目	4	山清水秀	2	水质	2	以上	1

通过游客在各大网站对九连山的评价，进行ROST分析得出图5-8九连山网络文本社会语义网络矩阵图，可以看出“漂流”“清澈”“一家人”“优美”“风景”这几方面的交集点比较多，说明游客对漂流、风景资源方面的关注度较高。

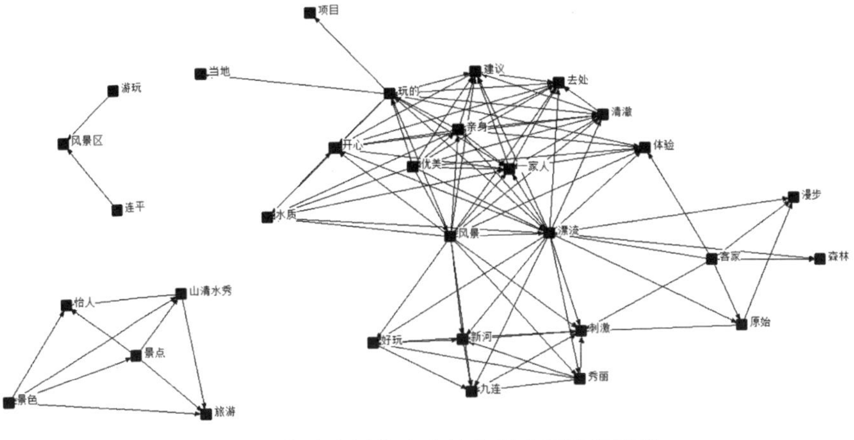

图5-8　九连山网络文本社会语义网络矩阵图

通过游客在各大网站对九连山的评价进行ROST分析得出表5-27九连山网络口碑评价情感分析表，可以看出评价的总词条有18条，其中积极情感较多，有11条，占总词条数的61.11%，高度积极情感占27.78%；而中性情感为0，消极情感占38.89%，消极情感中高度消极情感为0，说明游客对九连山的消极评价比例较高，须重点关注，提升服务质量。

表5-27　　　　九连山网络口碑评价情感分析表

情感类别	词语数（条）	比例（%）	情绪分段统计	词语数（条）	比例（%）
积极情感	11	61.11	一般（0~10）	5	27.78
			中度（10~20）	1	5.55
			高度（20以上）	5	27.78
中性情感	0	0.00		0	0
消极情感	7	38.89	一般（-10~0）	5	27.78
			中度（-20~-10）	2	11.11
			高度（-20以下）	0	0
总计	18	100		18	100

（8）白云楼

白云楼网络文本采集样本统计见表5-28。

表5-28　　　　白云楼网络文本采集样本统计

序号	网络平台名称	样本数	满意度（%）
1	同程	—	—
2	携程	6	86
3	马蜂窝	—	—
4	美团	—	—
5	去哪儿	—	—
合计		6	—

从表5-28可见，白云楼网络评价数据少，景区运行处于较为初始的开发阶段。通过词频分析，得到表5-29白云楼游客评价高频特征词，有“白云”“地方”等。其中值得关注的有“风景”“建筑”。

表5-29　　白云楼游客评价高频特征词

游客评价特征词	频次	游客评价特征词	频次	游客评价特征词	频次	游客评价特征词	频次
白云	4	减少	1	土地	1	厢房	1
地方	3	高门	1	漂亮	1	简直	1
风景	3	水井	1	坍塌	1	建筑	1
坚固	2	无情	1	流连	1	宗祠	1
值得	2	迫降	1	客家	1	景点	1
优美	2	侵蚀	1	堡垒	1	有趣	1
宅院	2	看得	1	敌情	1	世外桃源	1
岁月	2	胜地	1	各种	1	占据	1
自古	1	戏台	1	蓝天	1	许多	1

通过游客在各大网站对白云楼的评价进行ROST分析得出图5-9白云楼网络文本社会语义网络矩阵图，可以看出“岁月”“白云”这几方面的交集点比较多。

通过游客在各大网站对白云楼的评价进行ROST分析得出表5-30白云楼网络口碑评价情感分析表，从图中可以看出评价的总词条有6条，其中积极情感较多，有5条，占总词条数的83.33%，高度积极情感占33.33%；而中性情感和消极情感较少，中性情感占16.67%，消极情感为0。

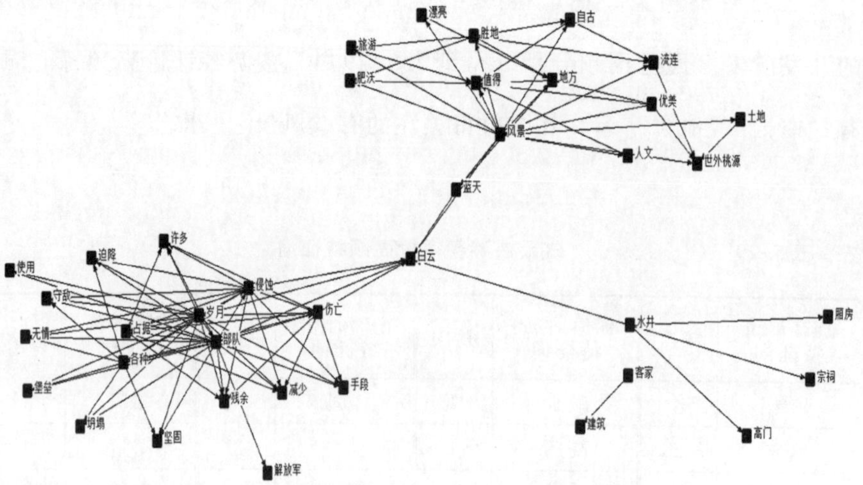

图5-9　白云楼网络文本社会语义网络矩阵图

表5-30　　白云楼网络口碑评价情感分析表

情感类别	词语数（条）	比例（%）	情绪分段统计	词语数（条）	比例（%）
积极情感	5	83.33	一般（0~10）	2	33.33
			中度（10~20）	1	16.67
			高度（20以上）	2	33.33
中性情感	1	16.67		1	16.67
消极情感	0	0	一般（-10~0）	0	0
			中度（-20~-10）	0	0
			高度（-20以下）	0	0
总计	6	100		6	100

（9）林寨古村

林寨古村网络文本采集样本统计见表5-31。

表5-31　　林寨古村网络文本采集样本统计

序号	网络平台名称	样本数	满意度（%）
1	同程	—	—
2	携程	31	82
3	马蜂窝	—	—
4	美团	27	84
5	去哪儿	24	90
合计		82	—

通过词频分析，得到表5-32林寨古村游客评价高频特征词，出现频次较高的有“建筑”“景点”“村落”“地方”，分别出现14次、13次、11次、9次，说明游客对建筑特色、景点资源等方面的关注度较高。

表5-32　　林寨古村游客评价高频特征词

游客评价特征词	频次	游客评价特征词	频次	游客评价特征词	频次	游客评价特征词	频次
建筑	14	保护	5	宁静	3	景区	3
景点	13	进去	5	村里	3	空气	3
村落	11	配套	5	村子	3	吃喝	3
地方	9	雨伞	4	然后	3	娱乐	3
古色	9	漂亮	4	遇到	3	大同小异	3
古香	9	阿婆	4	价值	3	下达	2
文化	7	风景	4	深厚	3	到达	2
服务	6	林寨	4	隐含	3	修缮	2
古建筑	6	农村	4	文物	3	角楼	2
门票	6	用钱	4	神秘	3	政治	2
房子	6	历史	4	游玩	3	人家	2
客家	6	有机	4	稻田	3	和平	2
古老	6	地主	4	美丽	3	名副其实	2
值得	6	不值	4	便宜	3	到此一游	2
下次	5	专程	3	维护	3	山青水秀	2

通过游客在各大网站对林寨古村的评价进行ROST分析得出图5-10林寨古村网络文本社会语义网络矩阵图，可以看出“建筑”“村落”“古色”“古香”等方面的交集点比较多，说明游客对这几方面的关注度较高，景区应该密切关注建筑文化挖掘、旅游开发工作，以提升游客对景区的满意度。

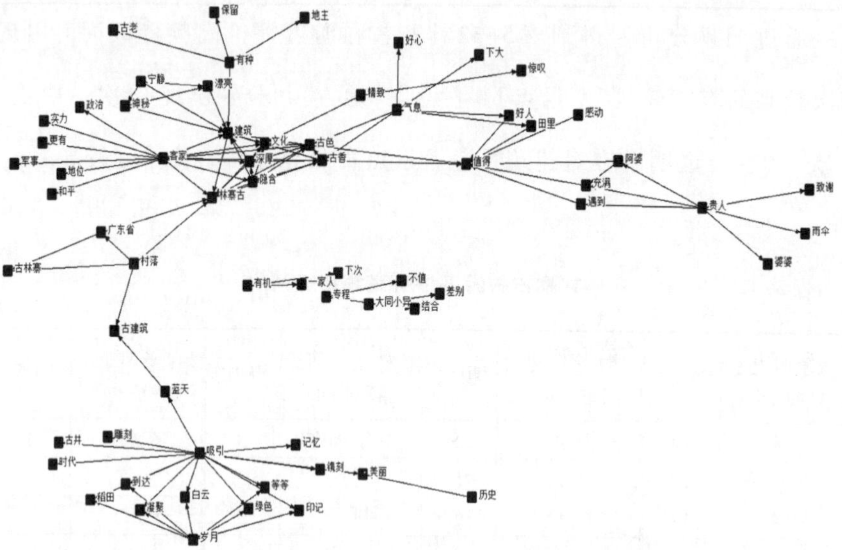

图5-10　林寨古村网络文本社会语义网络矩阵图

通过游客在各大网站对林寨古村的评价进行ROST分析得出表5-33林寨古村网络口碑评价情感分析表，可以看出评价的总词条有75条，其中积极情感较多，有64条，占总词条数的85.33%，高度积极情感占14.67%；而中性情感和消极情感较少，分别占4.00%和10.67%，消极情感中高度消极情感为0，说明游客对林寨古村的满意度较高。

表5-33　　林寨古村网络口碑评价情感分析表

情感类别	词语数（条）	比例（%）	情绪分段统计	词语数（条）	比例（%）
积极情感	64	85.33	一般（0~10）	22	29.33
			中度（10~20）	31	41.33
			高度（20以上）	11	14.67
中性情感	3	4.00		3	4.00
消极情感	8	10.67	一般（-10~0）	5	6.67
			中度（-20~-10）	3	4.00
			高度（-20以下）	0	0
总计	75	100		75	100

（10）和平热龙温泉

和平热龙温泉网络文本采集样本统计见表5-34。

表5-34　　和平热龙温泉网络文本采集样本统计

序号	网络平台名称	样本数	满意度（%）
1	同程	39	97
2	携程	75	86
3	马蜂窝	4	90
4	美团	165	80
5	去哪儿	165	94
合计		448	—

通过词频分析，得到表5-35和平热龙温泉游客评价高频特征词，出现频次较高的有“温泉”“环境”“地方”“漂流”“干净”，分别出现85次、66次、23次、22次、18次，说明游客对温泉资源、漂流项目、旅游环境及服务等方面的关注度较高。

表5-35　　和平热龙温泉游客评价高频特征词

游客评价特征词	频次	游客评价特征词	频次	游客评价特征词	频次	游客评价特征词	频次
温泉	85	景色	13	态度	9	好玩	7
环境	66	温泉水	12	玩的	8	前台	6
地方	23	度假	11	设施	8	舒适	6
漂流	22	不多	11	时间	8	小时	6
干净	18	开车	10	晚上	8	梦幻	6
服务	17	方便	10	泉池	8	优美	6
房间	17	空气	10	交通	7	适合	6
舒服	15	蒙古包	9	池子	7	开心	6
下次	14	旅行	5	酒店	7	服务员	6
泳池	6	灯光	5	总体	7	水流	5
人员	6	和平	5	休闲	7	过去	5
设计	5	可惜	4	值得	7	可来	4
刺激	5	各种	4	千米	6	缓解	4
白天	5	别有	4	优秀	6	划船	4
卫生	5	感受	4	绝对	5	齐全	3
天然	5	收费	4	住宿	5	分钟	4

通过游客在各大网站对和平热龙温泉的评价进行ROST分析得出图5-11和平热龙温泉网络文本社会语义网络矩阵图，可以看出“环境”“温泉”“空气”“度假”“舒服”“服务”这几方面的交集点比较多，说明游客对这几方面的关注度较高，景区应该密切关注度假体验，以提升游客对景区的满意度。

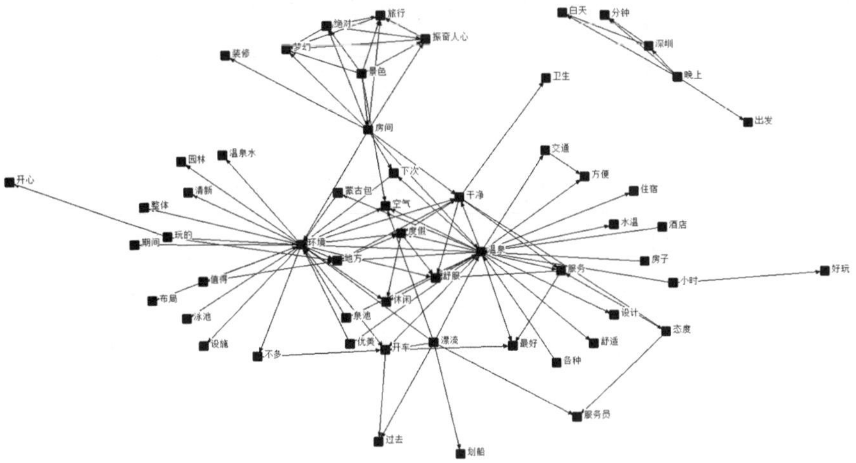

图 5-11　和平热龙温泉网络文本社会语义网络矩阵图

通过游客在各大网站对和平热龙温泉的评价进行 ROST 分析得出表 5-36 和平热龙温泉网络口碑评价情感分析表，可以看出评价的总词条有 205 条，其中积极情感较多，有 156 条，占总词条数的 76.09%，高度积极情感占 20.00%；中性情感和消极情感较少，分别占 9.76% 和 14.15%，高度消极情感为 0，说明游客对和平热龙温泉的满意度较高。

表 5-36　　和平热龙温泉网络口碑评价情感分析表

情感类别	词语数（条）	比例（%）	情绪分段统计	词语数（条）	比例（%）
积极情感	156	76.09	一般（0~10）	55	26.83
			中度（10~20）	60	29.26
			高度（20 以上）	41	20.00
中性情感	20	9.76		20	9.76
消极情感	29	14.15	一般（-10~0）	19	9.27
			中度（-20~-10）	10	4.88
			高度（-20 以下）	0	0
总计	205	100		205	100

（11）荣佳国韵温泉度假村（原和平县天上人间温泉度假村）

荣佳国韵温泉度假村网络文本采集样本统计见表5-37。

表5-37　　荣佳国韵温泉度假村网络文本采集样本统计

序号	网络平台名称	样本数	满意度（%）
1	同程	110	98
2	携程	44	88
3	马蜂窝	—	—
4	美团	515	80
5	去哪儿	120	96
合计		789	—

通过词频分析，得到表5-38荣佳国韵温泉度假村游客评价高频特征词，出现频次较高的有“服务”“温泉”“环境”“池子”，分别出现36次、35次、32次、17次，说明游客对温泉体验环境、服务、硬件条件等方面的关注度较高。

表5-38　　荣佳国韵温泉度假村游客评价高频特征词

游客评价特征词	频次	游客评价特征词	频次	游客评价特征词	频次	游客评价特征词	频次
服务	36	景点	10	毛巾	6	温泉水	4
温泉	35	朋友	9	满意	6	特色	4
环境	32	总体	9	游玩	6	实在	4
池子	17	不多	9	人间	6	不够	4
下次	15	开放	8	春节	5	晚上	4
方便	13	门票	8	便利	5	选择	4
干净	11	值得	8	便宜	5	泉池	4
水温	11	交通	7	天上	5	夏天	4
人员	11	景区	7	免费	5	当天	4
舒服	11	水质	7	设施	5	网上	4
态度	10	玩的	7	好玩	5	瀑布	4
开心	10	地方	6	天气	5	第一次	4

通过游客在各大网站对荣佳国韵温泉度假村的评价进行ROST分析得出图5-12荣佳国韵温泉度假村网络文本社会语义网络矩阵图，可以看出“服务”“方便”“交通”“态度”“环境”这几方面的交集点比较多，说明游客对服务质量、体验环境等方面的关注度较高。

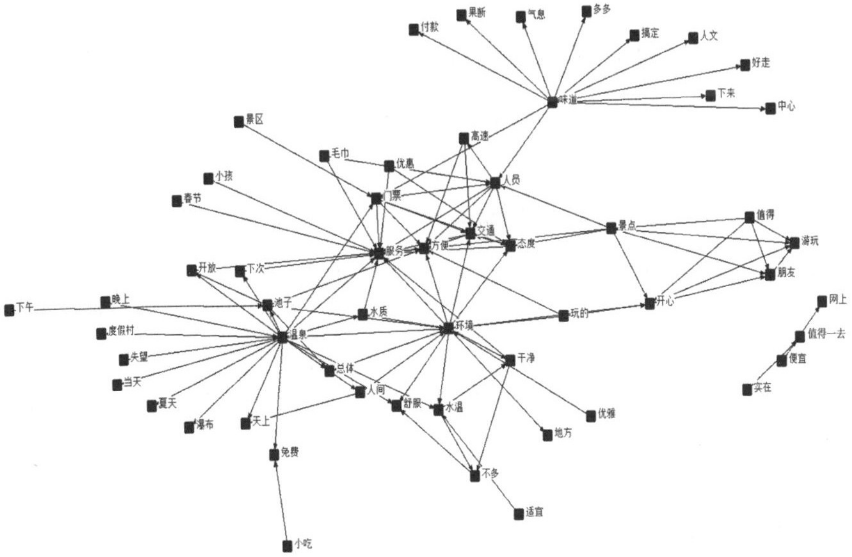

图5-12　荣佳国韵温泉度假村网络文本社会语义网络矩阵图

通过游客在各大网站对荣佳国韵温泉度假村的评价进行ROST分析得出表5-39荣佳国韵温泉度假村网络口碑评价情感分析表，可以看出评价的总词条有123条，其中积极情感较多，有96条，占总词条数的78.05%，高度积极情感占24.39%；中性情感和消极情感较少，分别占7.32%和14.63%，高度消极情感为0，说明游客对荣佳国韵温泉度假村的满意度较高。

表5-39　荣佳国韵温泉度假村网络口碑评价情感分析表

情感类别	词语数（条）	比例（%）	情绪分段统计	词语数（条）	比例（%）
积极情感	96	78.05	一般（0~10）	34	27.64
			中度（10~20）	32	26.02
			高度（20以上）	30	24.39
中性情感	9	7.32		9	7.32
消极情感	18	14.63	一般（-10~0）	15	12.20
			中度（-20~-10）	3	2.43
			高度（-20以下）	0	0
总计	123	100		123	100

5.2.4　基于百度指数分析的河源粤赣古驿道旅游地形象感知调查

基于百度指数分析的河源粤赣古驿道旅游地形象感知调查旨在了解河源粤赣古驿道及其沿线旅游景区网络关注量随着时间变化网民搜索的程度。通过近10年河源粤赣古驿道沿线旅游景区百度搜索指数，可以明显看出沿线旅游景区呈现两极分化情况，但总体呈上升趋势。其中，万绿湖景区的关注度远远高于其他景区，是各景区中的焦点及引领者。

由图5-13可看出，从2011年至今，互联网用户对万绿湖的搜索关注程度平稳，百度搜索指数平均值为463，且呈周期性变化，说明景区有淡旺季之分。

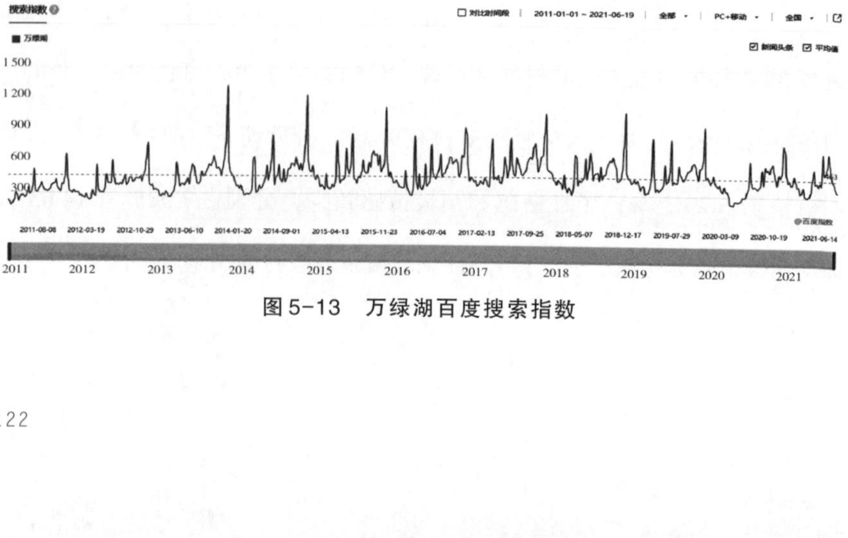

图5-13　万绿湖百度搜索指数

由图5-14可看出，从2011年至今，互联网用户对苏家围的搜索关注程度卜降，白度搜索指数平均值为115，关注度呈下降趋势。

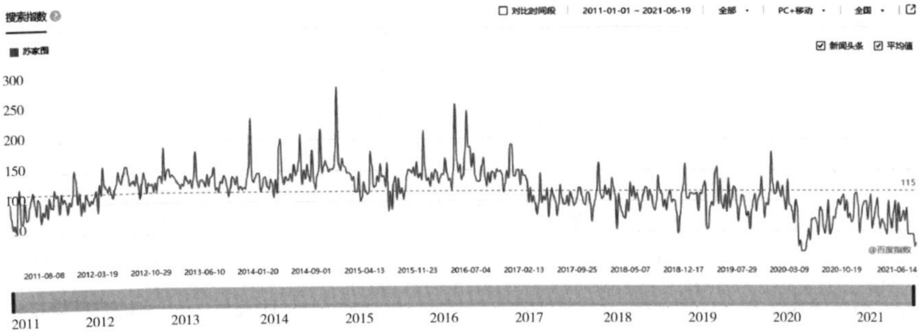

图5-14　苏家围百度搜索指数

由图5-15可看出，从2011年至今，互联网用户对黄龙岩畲族风情旅游区的搜索关注程度稳定，百度搜索指数平均值为87，且呈周期性变化，说明景区有淡旺季之分。

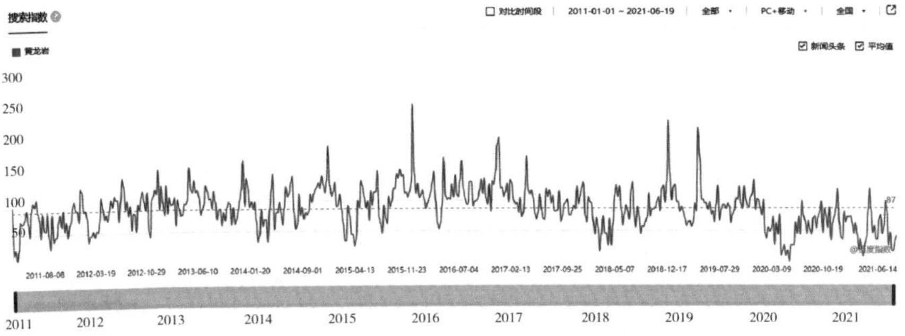

图5-15　黄龙岩畲族风情旅游区百度搜索指数

由图5-16可看出，从2011年至今，互联网用户对南园古村的搜索关注程度越来越低，百度搜索指数平均值为23，变化情况不稳定。

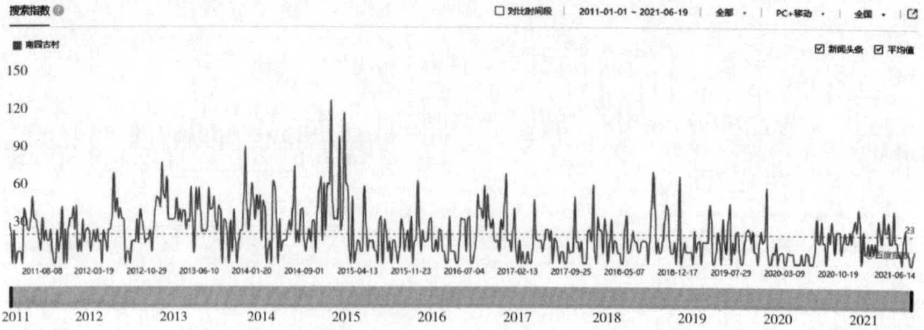

图5-16　南园古村百度搜索指数

由图5-17可看出，从2011年至今，互联网用户对东江画廊的搜索关注程度越来越低，百度搜索指数平均值为20。

图5-17　东江画廊百度搜索指数

由图5-18可看出，2011年至2017年，互联网用户对林寨古村的搜索关注程度越来越高，在2017年达到峰值，然后数值持续走低，百度搜索指数平均值为125。

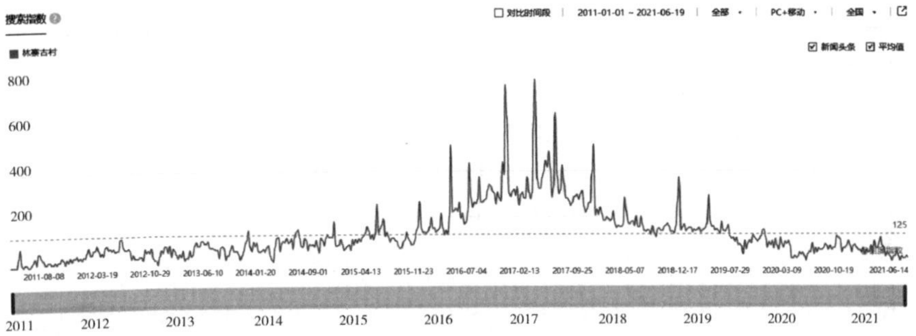

图5-18 林寨古村百度搜索指数

由图5-19可看出，从2011年至今，互联网用户对和平热龙温泉的搜索关注程度总体稳定，近两年受疫情影响数值走低，百度搜索指数平均值为60。

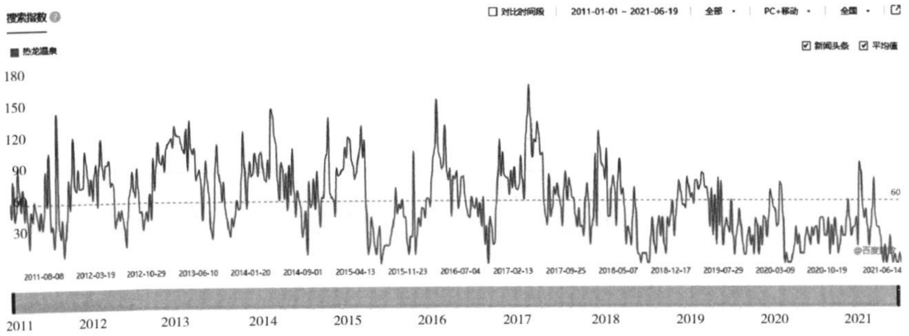

图5-19 和平热龙温泉百度搜索指数

由图5-20可看出，从2011年至今，互联网用户对荣佳国韵温泉度假村的搜索关注程度越来越低，变化情况不稳定，百度搜索指数平均值为19。

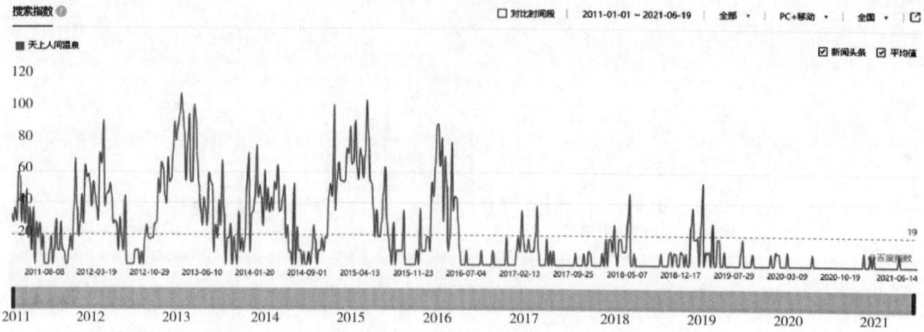

图5-20　荣佳国韵温泉度假村百度搜索指数

由图5-21和图5-22可以看出，2011年至今，互联网用户对南园古村、东江画廊、荣佳国韵温泉度假村的搜索关注程度较低；对万绿湖的搜索关注程度最高，其独树一帜。

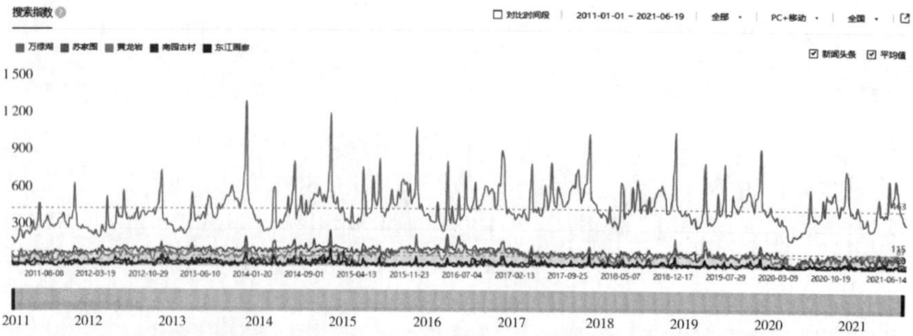

图5-21　万绿湖与苏家围、黄龙岩、南园古村、东江画廊百度搜索指数比对分析图

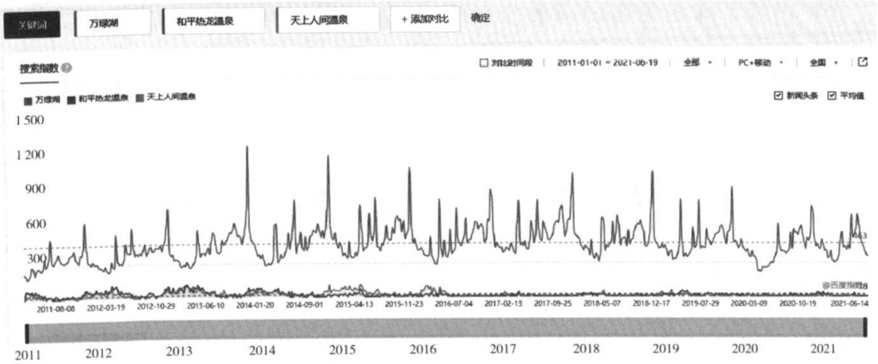

图 5-22　万绿湖与和平热龙温泉、荣佳国韵温泉度假村百度搜索指数比对分析图

5.2.5　结果分析

结合上述ROST网络文本挖掘分析、百度指数分析这两种方法的分析，调查结果更具科学性，所得数据更真实、可靠。根据数据分析，可见游客对河源粤赣古驿道沿线旅游景区的满意度的相对较高。以ROST网络文本挖掘对游客情感进行细分，可见游客对河源粤赣古驿道沿线旅游景区的整体评价依旧是满意，积极及中性情感所占比例较高。但可以看到部分消极情感及不满意评价的存在，主要存在游客对网络取票、景区服务质量、服务设施陈旧等的不认同，景区运营模式及营销方式过于传统，价格策略单一，交通可进入性较差等突出问题，景区需要进行升级改造，以提高游客体验满意度，改善景区形象。

从百度搜索指数分析可见，万绿湖、林寨古村、苏家围百度搜索指数排名前三位，平均百度搜索指数分别为463、125、115，通过百度指数人像分析可见其游客主要来自深圳、广州、东莞、佛山、河源、惠州等地，需要积极维系珠三角客源市场与口碑。在此次调查研究中，因白云楼、连平博物馆、九连山等关键词未被百度搜索指数收录，因此缺少相关数据。

5.3 游客感知视角下旅游演艺体验满意度评价研究——以广东巴伐利亚庄园土楼全景剧场秀《家·源》为例

旅游演艺又称旅游表演、旅游演出等。[72]国外对旅游演艺的学术研究起步早于国内，如Hughes（2002）对艺术、娱乐和旅游关系的探究，认为旅游演艺是为游客提供的具有艺术特征的文化、娱乐产品；[73]Barbieri和Mahoney（2010）则将旅游演艺定义为重要的文化旅游产品，范围既包括艺术表演，也涵盖参观文化遗产和宗教场所等。[74]国内学术界对旅游演艺尚无统一定义，近年来许多学者对旅游演艺的定义及类型作出不同的解释。李幼常（2007）认为旅游演艺是“在旅游景区现场进行的各种表演活动，以及在旅游地其他演出场所内进行的，以表现该地区历史文化或民俗风情为主要内容，且以旅游者为主要欣赏者的表演、演出活动”，[75]这一定义将旅游演艺从纯粹的景区扩展到旅游目的地其他场所，如剧院、酒店等，拓展了旅游演艺的外延。徐淇（2009）认为，旅游演艺产品的类型主要包括主题公园类、巡演类、实景演出类、剧场类。[76]国内旅游演艺的发展经历了三个典型阶段，最初阶段的典型代表是陕西省歌舞剧院1982年9月创作推出的《仿唐乐舞》，其丰富了夜游西安的产品结构；其后是以华侨城为代表的主题公园文艺表演、景区景点表演、舞台表演等，如世界之窗的《创世纪》、锦绣中华及中华民俗文化村的《龙凤舞中华》等，对主题公园的游客到访率与重游率产生了重要的影响；[77]以《印象·刘三姐》为代表的印象系列旅游实景演出等是催生新一批旅游演艺兴起的典范之作，推动了旅游演艺项目创演的热潮。

感知价值作为旅游产品竞争力的核心内容，一直是游客满意度的重要影响因素，国内学者对游客满意度的研究主要是运用模型工具进行专题测度分析。[78]在全域旅游、体验经济背景下，游客对体验型旅游项目关注度、热衷度持续提升，其体验的满意度也在很大程度上决定着旅游产品的感知价值评价。旅游演艺项目的游客满意度影响因素繁多，需要更多地考虑游客感知视角及文化体验过程中各项指标因子的测定，从层次分析法入手，通过模糊综合评价法分析游客对旅游体验经历中各因素的满意程度，还需要综合考虑旅游演艺的场地环境、门票价格、交通状况等配套服务环境，评价数据的实证分析结果，才能对旅游演艺项目的发展提出具有现实意义的建议。

本研究以广东巴伐利亚庄园国内首创的土楼全景剧场秀《家·源》为例，基于游客感知视角，开展游客体验满意度实证研究。巴伐利亚庄园，位于广东省河源市源城区，紧邻粤赣高速埔前出口，距离广州、深圳均为2小时车程。巴伐利亚庄园由广东DD集团投资100亿元分三期打造，是以“健康养生、禅修养心、度假养老”为主题理念的创新型旅游度假区。国内首创的土楼全景剧场秀《家·源》位于庄园土楼酒店内，是展现广东客家文化的重要载体。该项目由北京奥运会开幕式创意设计团队参与开发，历时3年精心打造，国内外顶尖演员联袂出演，总投资超过1.2亿元。《家·源》项目内有能承载500名观众的坐席随剧情360°旋转的土楼剧场，配合最新声光电特效，可让游客全方位体验客家人怀揣家园梦想，从中原南迁，建设美好家园的客家歌舞传奇。

5.3.1 研究方法与数据来源

5.3.1.1 研究方法

层次分析法（Analytic Hierarchy Process，AHP）是美国匹兹堡大学教授萨蒂（Satty）于20世纪70年代提出的一种系统化分析决策方法。[79] 笔者运用层次分析法，以表达清晰结果、增强分析系统性为目标，通过对剧场类旅游演艺的比对分析，并结合旅游演艺项目的文献，建立了《家·源》旅游演艺游客满意度评价指标体系，如图5-23所示。该评价指标体系分为三层，第一层目标层是游客总体满意度；第二层准则层包括与游客感知价值密切相关的3项重要二级指标，分别是旅游演艺形式、旅游演艺内容、旅游演艺服务；第三层是体验满意度具体化评价指标，包括舞台背景、灯光效果、服装特色、舞蹈编排等15个指标因子。

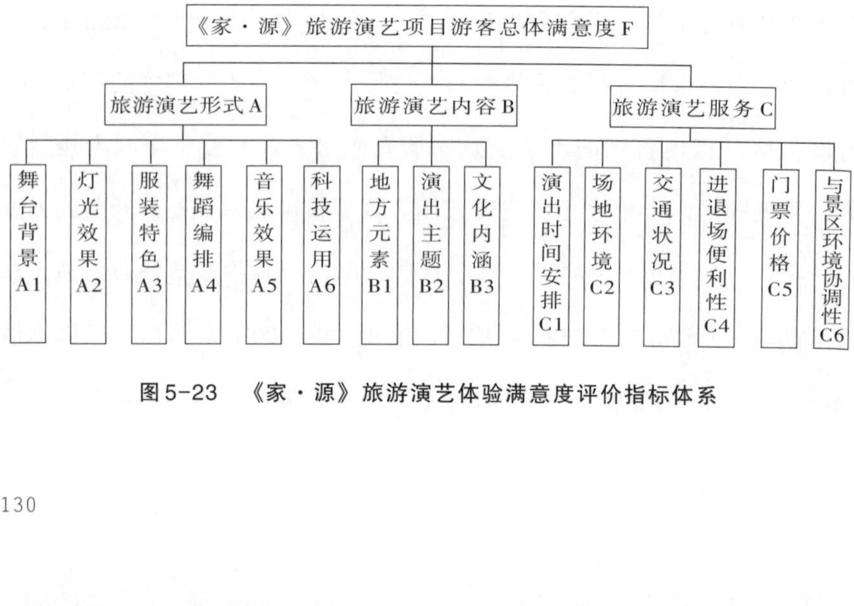

图5-23 《家·源》旅游演艺体验满意度评价指标体系

5.3.1.2　数据来源

（1）问卷设计与收集

本研究问卷以评价指标体系为依据，包括旅游演艺项目《家·源》游客满意度、游客人口学特征两大部分，其中游客满意度重点对15个指标因子进行评价收集，游客人口学特征包括性别、年龄、月收入情况、受教育程度、职业、旅游方式、旅游目的7个项目。问卷收集以在巴伐利亚庄园观看土楼全景剧场秀《家·源》的游客为对象，于2015年3月至2016年3月，开展专题调查，调查期兼顾淡旺季，分阶段发放问卷350份，问卷回收300份，收回率为85.7%；剔除无效问卷25份，有效问卷为275份，有效率为91.7%。

调查结果显示，男性游客多于女性，占61.6%。游客年龄以中、青年为主，其中青年游客占51.2%，中年游客占32.8%，而老年游客占12.8%，比例不高。月收入状况统计结果显示，中、高收入人群占51.2%，为多数。本科及以上学历水平占29.2%，其余为大专及以下学历。游客职业以公职及专业技术人员、商业及服务业人员为主，分别为36.8%、33.6%。游客旅游方式上以散客为主，占71.2%，团队游客为少数，占28.8%。旅游目的方面，以观光旅游、休闲度假为主因，分别占39.2%、28.8%。总体而言，《家·源》演艺项目游客学历水平较高，青年游客占多数，并以观光游、度假游的散客为主体。

（2）信度分析

为确保问卷数据的科学性和可靠性及测量所得结果的内部一致性，本文通过SPSS 19.0对问卷结果进行信度分析。信度（Reliability）也称为可靠性，最常用的是Cronbach α信度系数，其公式为: Cronbach α = (k/ (k－1))＊(1－($\sum$Si2) /ST2)，Cronbach α信度系数的优势是可以通过测量不同分组方法的相关性来测量信度。若Cronbach α信度系数在0.9以上，即可表明问卷样本有较高的可靠性。经过Cronbach α信度系数的检验，本研究问卷样本总体的Cronbach α信度系数为0.948>0.9，表明问卷样本可靠性较高。

5.3.2 评价过程

5.3.2.1 构建判断矩阵并计算权重

本文采用萨蒂提出的1-9标度法构建两两判断矩阵。经过相关领域专家依据其工作及实践经验的判断决策，得到各层指标的判断矩阵，计算权重及矩阵一致性检验的具体步骤如下所示：

（1）采用乘积方根法计算判断矩阵各行的几何平均值（$\overline{W_i}$）。

$$\overline{W_i} = \left(\prod_{j=1}^{n} a_{ij}\right)^{\frac{1}{n}} \quad i，j=1，2，\cdots，n \tag{5-1}$$

（2）对各行的几何平均值进行归一化处理得到特征向量：

$$W_i = \frac{\overline{W_i}}{\sum_{j=1}^{n}\overline{W_j}} \quad i，j=1，2，\cdots，n \tag{5-2}$$

得到一级指标的权重系数。

（3）计算判断矩阵的最大特征值λ_{max}。

$$\lambda_{max} = \frac{1}{n}\sum_{i=1}^{n}\frac{(\sum_{j=1}^{n} a_{ij}W_j)}{W_i} \quad i，j=1，2，\cdots，n \tag{5-3}$$

（4）计算一致性指标CI和一致性比率CR。

$$CI = \frac{\lambda_{max} - n}{n - 1} \tag{5-4}$$

当n＝2时，2阶正互反矩阵总是一致的，所以不用进行一致性检验。当n大于2时，用CR检验矩阵的一致性。CR=CI/RI。当CR<0.1时，表明矩阵一致性检验符合要求。W表示各指标的组内权重，λ_{max}表示最大特征值。CI表示一致性指标，CR表示一致性比率。经过计算得CR<0.1，通过一致性检验。对以上结果整理，得到各指标的权重结果见表5-40。

表5-40　**游客满意度各项研究指标的综合权重**

评价目标	一级指标	一级指标权重	二级指标	二级指标权重
《家·源》旅游演艺项目游客总体满意度F	旅游演艺形式A	0.2493	舞台背景A1	0.0640
			灯光效果A2	0.0423
			服装特色A3	0.1706
			舞蹈编排A4	0.3789
			音乐效果A5	0.2504
			科技运用A6	0.0938
	旅游演艺内容B	0.5936	地方元素B1	0.3325
			演出主题B2	0.1396
			文化内涵B3	0.5279
	旅游演艺服务C	0.1571	演出时间安排C1	0.0603
			场地环境C2	0.3705
			交通状况C3	0.2748
			进退场便利性C4	0.0875
			门票价格C5	0.1668
			与景区环境协调性C6	0.0401

5.3.2.2 旅游演艺满意度的模糊评价

（1）建立因素集、权重集和评价集

①因素集

F=（A，B，C）=（旅游演艺形式，旅游演艺内容，旅游演艺服务）

A=（A1，A2，A3，A4，A5，A6）=（舞台背景，灯光效果，服装特色，舞蹈编排，音乐效果，科技运用）

B=（B1，B2，B3）=（地方元素，演出主题，文化内涵）

C=（C1，C2，C3，C4，C5，C6）=（演出时间安排，场地环境，交通状况，进退场便利性，门票价格，与景区环境协调性）

②权重集

由前文计算结果，可以得到权重集如下所示：

W=（0.2493，0.5936，0.1571）

W1=（0.064，0.0423，0.1706，0.3789，0.2504，0.0938）

W2=（0.3325，0.1396，0.5279）

W3=（0.0603，0.3705，0.2748，0.0875，0.1668，0.0401）

③评价集

本文满意度按李克特量表法，实施五级评价，即非常满意，满意，一般，不满意，非常不满意。得到评价集为：

E=（E1，E2，E3，E4，E5）=（非常满意，满意，一般，不满意，非常不满意）=（5，4，3，2，1）

（2）层次模糊评价

根据游客满意度问卷调查评分数据的汇总，得到调查结果，具体见

表 5-41。

表 5-41　　**游客满意度调查评分数据汇总表**

指标因子	评语集				
	非常满意	满意	一般	不满意	非常不满意
舞台背景 A1	177	132	39	9	18
灯光效果 A2	138	180	45	3	9
服装特色 A3	159	153	39	12	12
舞蹈编排 A4	132	144	75	6	18
音乐效果 A5	153	162	42	6	12
科技运用 A6	204	114	42	6	9
地方元素 B1	162	76	84	6	9
演出主题 B2	144	132	75	12	12
文化内涵 B3	138	153	57	12	15
演出时间安排 C1	135	147	69	9	15
场地环境 C2	150	144	63	3	15
交通状况 C3	120	123	90	21	21
进退场便利性 C4	129	156	75	3	12
门票价格 C5	144	162	51	3	15
与景区环境协调性 C6	165	165	27	6	12

由表 5-40、表 5-41 可以得到旅游演艺形式、旅游演艺内容、旅游演艺服务、总体满意度的模糊判断矩阵，从而可以得到旅游演艺形式、旅游演艺内容、旅游演艺服务的满意度测评价值：

$$E_1 = 5\times 0.405 + 4\times 0.395 + 3\times 0.144 + 2\times 0.019 + 1\times 0.038 = 4.113$$

$$E_2 = 5\times 0.391 + 4\times 0.332 + 3\times 0.183 + 2\times 0.027 + 1\times 0.034 = 3.920$$

$$E_3 = 5\times 0.370 + 4\times 0.382 + 3\times 0.182 + 2\times 0.022 + 1\times 0.043 = 4.011$$

（3）综合模糊评价

由以上评价结果，可以得到综合评价矩阵如下所示：

$$R = \begin{pmatrix} 0.405 & 0.395 & 0.144 & 0.019 & 0.038 \\ 0.391 & 0.332 & 0.183 & 0.027 & 0.034 \\ 0.370 & 0.382 & 0.182 & 0.022 & 0.043 \end{pmatrix}$$

所以综合评价集为：

$$G = W\cdot R = (0.2493, 0.5936, 0.1571)\cdot \begin{pmatrix} 0.405 & 0.395 & 0.144 & 0.019 & 0.038 \\ 0.391 & 0.332 & 0.183 & 0.027 & 0.034 \\ 0.370 & 0.382 & 0.182 & 0.022 & 0.043 \end{pmatrix}$$
$$= (0.391, 0.355, 0.173, 0.024, 0.036)$$

对最终评价集进行去模糊计算，得到游客满意度的综合评价[80]：

$$E = 5\times 0.391 + 4\times 0.355 + 3\times 0.173 + 2\times 0.024 + 1\times 0.036 = 3.978$$

5.3.3 结果与分析

5.3.3.1 满意度评价

（1）旅游演艺项目游客总体满意度

旅游演艺项目游客总体满意度及旅游演艺服务、旅游演艺内容、旅游演艺形式三个准则层满意度值与李克特量表中的5级满意度相比可以看出（如图5-24所示）：

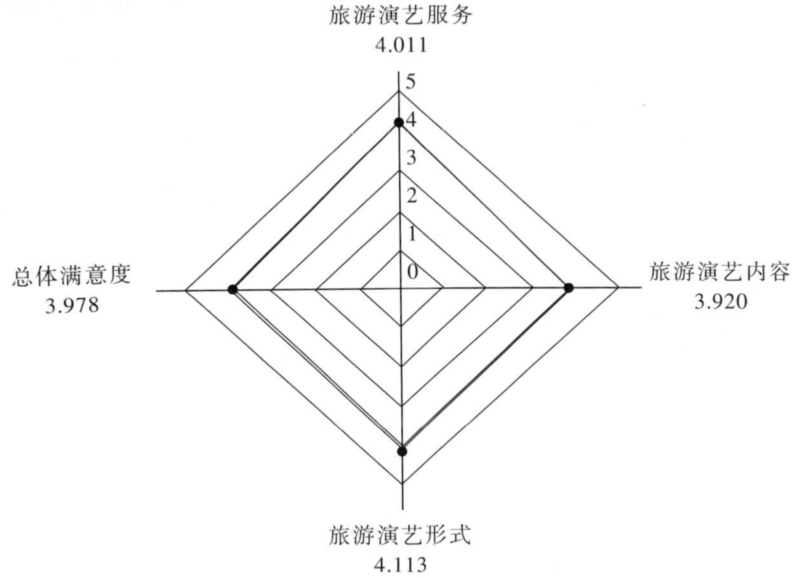

图5-24 《家·源》旅游演艺游客满意度评价结果

①巴伐利亚庄园旅游演艺项目的总体满意度值为3.978，该得分位于满意度“一般”与“满意”之间，根据最大隶属度原则，评价集中最大值为0.391，对应“非常满意”的评价结果。综上，游客对于巴伐利亚庄园《家·源》旅游演艺项目的总体满意程度为满意。

②旅游演艺形式的满意度值为4.113，在“满意”与“非常满意”之间，且高于总体满意度值。其中，舞台背景、灯光效果、服装特色、音乐效果、科技运用的满意度值分别为4.176、4.16、4.16、4.168、4.328，都达到了满意水平。而游客对舞蹈编排的满意度值较低，为3.976。

③旅游演艺内容的满意度值为3.920，低于游客总体满意度值。其

中，地方元素的满意度值最低，为3.699；演出主题、文化内涵的满意度值分别为4.024、4.032，均达到满意水平。

④旅游演艺服务的满意度值为4.011，其中，演出时间安排、场地环境、进退场便利性、门票价格、与景区环境协调性的满意度值都达到满意水平，分别为4.008、4.096、4.032、4.112、4.24；交通状况的满意度值为3.8，相对较低。

（2）指标因子的满意度

在15项指标因子中，有12项指标因子达到满意水平，分别是舞台背景、灯光效果、服装特色、音乐效果、科技运用、演出主题、文化内涵、演出时间安排、场地环境、进退场便利性、门票价格、与景区环境协调性。剩余3项指标因子处在“一般”与“满意”之间，分别为舞蹈编排、地方元素、交通状况。

5.3.3.2 影响满意度的显著因子

通过Pearson相关系数检验各评价因子对游客总体满意度的影响程度。通常通过相关系数判断变量的相关强度：相关系数在0.8～1.0，表示极强相关；相关系数在0.6～0.8，表示强相关；相关系数在0.4～0.6，表示中等程度相关；相关系数在0.2～0.4，表示弱相关；相关系数在0～0.2，表示极弱相关或无相关。统计结果显示：游客总体满意度与所有指标因子的相关系数均在0.8～1.0，为极强相关，表明所有指标对总体满意度的影响都极强（见表5-42）。

表5-42　　各评价因子与游客总体满意度的相关分析

指标因子	与游客满意度的Pearson相关数值
舞台背景A1	0.970**
灯光效果A2	0.956*
服装特色A3	0.979**
舞蹈编排A4	0.986**
音乐效果A5	0.979**
科技运用A6	0.939*
地方元素B1	0.889*
演出主题B2	0.997**
文化内涵B3	0.985**
演出时间安排C1	0.990**
场地环境C2	0.998**
交通状况C3	0.967**
进退场便利性C4	0.974**
门票价格C5	0.981**
与景区环境协调性C6	0.965**

注：*和**为在0.05和0.01水平（双侧）上显著相关。

5.3.3.3　各指标因子的满意度与重要性分析

以指标因子的重要性为横坐标，游客的满意度为纵坐标，将所有指标因子标准化后的满意度值与重要性值定位在坐标轴中（如图5-25所示）。

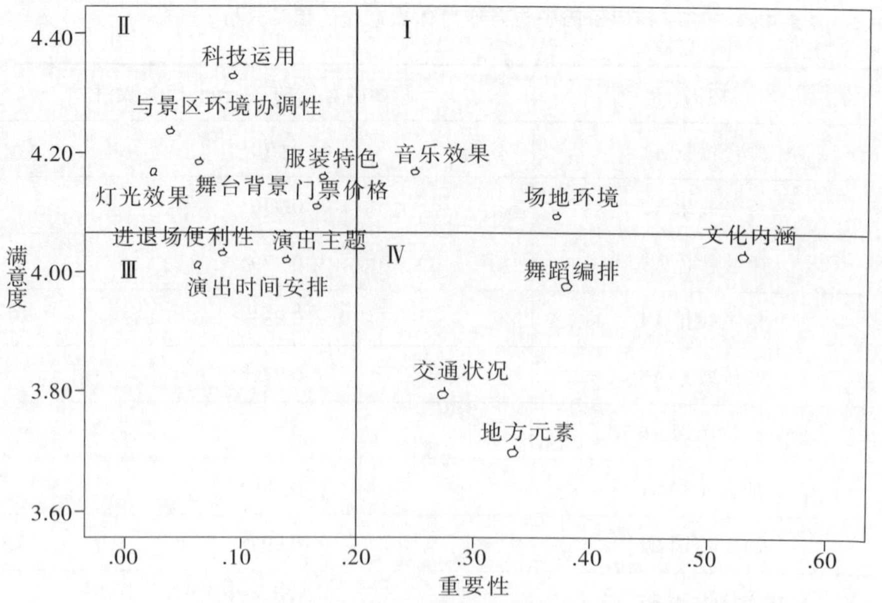

图5-25　根据重要性-满意度的指标因子分类

根据各指标因子的满意度和重要性高低，所有指标因子可分为：

Ⅰ：高重要－高满意。这类因子是巴伐利亚庄园《家·源》旅游演艺项目的优势所在，要继续保持，包括音乐效果、场地环境。

Ⅱ：低重要－高满意。这表明还有很多尚不被游客重视的环节，应继续完善，从而提高游客总体满意度，包括科技运用、与景区环境协调性、灯光效果、舞台背景、服装特色、门票价格。

Ⅲ：低重要－低满意。这是巴伐利亚庄园《家·源》旅游演艺项目的弱势之处，应该给予高度重视，这类因子的改善可以大幅度提高游客总体满意度，包括进退场便利性、演出主题、演出时间安排。

Ⅳ：高重要—低满意。这类指标因子是后续需要改进之处，应该有针对性地渐进改善，避免一次性大量投入产生浪费，包括舞蹈编排、交通状况、地方元素、文化内涵。

5.3.4 研究结论

研究结果表明，《家·源》旅游演艺项目80%的满意度评价指标达到“满意”等级。游客对科技元素、灯光音乐效果、剧场环境，均给予高满意度；并对服装特色、门票价格给予肯定；但舞蹈编排、地方元素、交通状况3项指标未能达到“满意”水平，成为批评的焦点，应重点给予改善。首先，需要增加原创性、互动性节目的编演，以特色鲜明的客家文化元素主题演出、科技特色舞台效果呈现，为游客留下更为深刻的印象。其次，从配套环境上，项目需要改善进退场便利性，重视交通可进入性、游客入园引导、咨询服务、景区路标指示系统、旅游咨询中心等公共设施及配套服务构建，营造文明、礼貌、热情的景区旅游氛围，并引入城市公交系统、出租车呼叫系统，改善公共交通的畅通性，提高游客到访率。[81]最后，应考虑激发游客隐性消费需求，国内学者研究发现游客对服务质量的感知与旅游消费有显著的正相关性[82]，故基于演艺项目特色，可开发与演艺节目配套的创意商品，如3D眼镜、主题吉祥物、纪念衣帽、明信片等，以保持游客对演艺的感知效果，有利于扩展节目的宣传宽度，实现与文化创意产业的有效融合，增加游客的重游率。

随着国家对全域旅游的推动与支持，旅游演艺项目成为众多传统型旅游景区转型升级的发展载体，亦是新兴旅游产业聚集的创新点。广东巴伐利亚庄园是“旅游+文化演艺”“旅游+新型养老”“旅游+健康养生”等全域旅游产品创新示范景区，《家·源》旅游演艺项目作为国内客家地区创新型土楼剧场秀，较好地迎合了到访游客的文化感知、体验消费、求知审美等价值曲线，对传统旅游演艺项目的转型升级具有积极借鉴意义。[83]

5.4 基于AHP-模糊综合评价法的生态旅游集聚区游客满意度研究

——以广东万绿湖生态旅游集聚区为例

游客满意度是指游客对于旅游目的地的期望与游客在旅游目的地游览后的体验结果进行比较后，而产生的一种心理状态。[84]旅游本质上是人们去异地寻求某种体验的一种活动，游客满意度是评价游客体验效果的终极指标，因此，从游客角度去研究旅游地发展所面临的问题具有重要现实指导意义。[85]随着旅游法的实施，中国从立法角度对旅游接待的服务质量作出了详细规定，如何建设让游客满意的生态旅游目的地，将生态资源优势转化为旅游产业优势，是旅游学者、旅游地政府以及旅游从业人员研究的首要任务。[80]

国外学者从20世纪60年代开始对顾客满意度进行研究，并取得了一定成果。Hughes认为满意度具有相对性，将满意度分为非常满意、很满意和满意3个层次。[86]国外学者以旅游产业的实例，对游客感知质量与游客满意度的关联度测评分析。2004年，Donald等国外学者根据波特的产业集聚理论，从产业链及提高竞争优势的角度对旅游产业集聚进行了界定，提出了“旅游竞争集聚”的概念。国内学者运用模糊评价法、多元回归分析法、结构方程模型等对满意度进行研究。[87]

生态旅游集聚区是指生态旅游地的各类旅游企业客观上存在围绕核心吸引物集聚的特点，生态旅游产业集群分为初级、中级和高级阶段，处于高级阶段的生态旅游产业集群称为“生态旅游集聚区”。[88]生态旅游集聚区与一般旅游项目或传统生态旅游产业逐个项目、逐个景点的开发方式不同，其最大的特点在于旅游项目集群，充分地整合生态旅游资源，避免开发的同质化、无序化，能创造更好的旅游经济效益，对旅游业产业转型升级具有重要意义。目前，我国对生态旅游集聚区游客满意度测评分析较少，现有旅游目的地游客满意度研究，并不能充分体现生态旅游集聚区的特殊性，不能鲜活地反映游客对生态旅游目的地满意度综合评价。因此，以生态旅游产业集聚区为典型案例，运用层次分析法、模糊综合评价法对游客满意度进行测评研究，具有重要意义，可为生态旅游集聚区的运营管理、可持续发展提供科学依据。

5.4.1　研究区概况

万绿湖生态旅游集聚区位于广东省河源市，其境内53%为山地丘陵，谷地和平原占11%，历来是广东省重要的林产区、水源区，生态旅游资源丰富，素有“粤东宝地”之誉。万绿湖旅游集聚区作为广东省高端旅游扶持项目，分北部健康疗养区、中部休闲度假区、南部运动休闲区三大功能区，规划面积200平方千米，区内又分为生态保护区、产业核心区、带动发展区三大旅游产业区。目前，区内已建成运营的生态旅游景区有万绿湖风景区、苏家围客家乡村旅游区、巴伐利亚庄园、客天下河源等。万绿湖旅游集聚区是广东旅游生态产业集聚区的重要示范项目。

5.4.2 研究设计与评价

5.4.2.1 数据来源

本研究以到访万绿湖生态旅游集聚区已运营景区的团队游客、散客、景区管理人员及导游等为调查对象。分别于万绿湖风景区、龙凤岛、水月湾、客家风情街、桂山风景区、镜花缘风景区、苏家围风景区等地点随机发放问卷750份，收回问卷698份，回收率达93.1%，剔除无效问卷48份，有效问卷为650份，有效率达93.1%。为确保调查问卷数据的可靠性，采用SPSS统计软件包进行分析处理，主要采用Cronbach α信度系数来进行信度分析。若Cronbach α系数在0.9以上，即可表明问卷样本有较高的可靠性。经过Cronbach α信度系数的检验，问卷样本总体的Cronbach α信度系数为0.951>0.9，说明本研究问卷的内部一致性程度较高，即问卷整体的可靠性较高。

5.4.2.2 研究设计

利用层次分析法做综合评价，完成构建递阶层次结构、构建两两比较判断矩阵、层次单排序和一致性检验、层次总排序和一致性检验四个步骤的构建与检验，然后运用模糊综合评价法对满意度进行综合测评。同时，为更好地分析及评测万绿湖生态旅游集聚区的游客满意度水平，直观地反映需要改进的问题，选择重要性-满意度分析（IPA）的方法，根据评价指标的重要性（权重）高低以及各指标的满意度（分项值）的高低绘制四象限图，进行专题提升策略分析。

5.4.2.3　评价过程

（1）构建游客满意度评价的递阶层次结构

在反映游客满意度评价指标全面性、代表性及客观性的基础上，以万绿湖生态旅游集聚区实地调查数据为依据，结合生态旅游研究的专题文献，建立一个由游客满意度的目标层（综合评价目标），资源特色A、景区服务B、游览设施C、游览体验D、景区消费E共5个准则层（评价的一级指标），以及对一级指标进行细化、具体化，包含景区知名度A1、互动参与度A2、可进入性A3、景观特色A4、旅游咨询B1、导游服务B2、线路安排B3、游览预订B4、投诉处理B5、导览标识C1、安全设施C2、休息设施C3、卫生设施C4、停车场C5、景区环境D1、游客容量D2、游船服务D3、推荐意愿D4、门票价格E1、游船租赁E2、旅游商品E3、餐饮E4、住宿E5、体验项目E6共24个指标层（评价的二级指标）构成的递阶层次模型。

（2）游客满意度评价的两两比较判断矩阵

游客满意度评价的比较判断矩阵是针对上一层评价因素而言，本层次与之相关的各评价因素之间的相对重要性。通过比较下层元素对于上层元素的相对重要性建立判断矩阵。按层次分析法的要求，判断矩阵通过两两比较下层元素对于上层元素的相对重要性，并把比较的结果用一个数值矩阵表示出来。本文采用萨蒂提出的1-9标度法构建两两判断矩阵。经过生态旅游领域专家依据其工作及实践经验的判断决策，得到各层指标的判断矩阵，并运用于权重计算。

（3）游客满意度评价的层次单排序和一致性检验

计算权重是计算游客满意度评价判断矩阵的特征值最大值，及其所对应的特征向量，得出层次单排序，获得准则层对于目标层的重要性数据序列，从而获得最优决策。

①利用判断矩阵计算权重系数，由公式：

$$\bar{W}_i = \left(\prod_{j=1}^{n} a_{ij}\right)^{\frac{1}{n}} i, \; j=1, \; 2, \; \cdots, \; n \tag{5-5}$$

得到：

$\bar{W}_1=0.6084$；$\bar{W}_2=2.6052$；$\bar{W}_3=0.9221$；$\bar{W}_4=1.7826$；$\bar{W}_5=0.3839$。

由公式：

$$\bar{W}_i = \frac{\bar{W}_i}{\sum_{i=1}^{N} \bar{W}_j} i, \; j=1, \; 2, \; \cdots, \; n \tag{5-6}$$

得到一级指标的权重系数的计算结果如下所示：

$\sum_{j=1}^{5} \bar{W}_j=6.3021$；

$W_1=0.0965$；$W_2=0.4134$；$W_3=0.1463$；$W_4=0.2829$；$W_5=0.0609$。

②计算判断矩阵的最大特征值λ_{max}。计算公式为：

$$\lambda_{max} = \frac{1}{n}\sum_{n=1}^{N}\frac{(\sum_{j=1}^{N} a_{ij}W_j)}{W_i} i, j=1, 2, \ldots, n \quad (5-7)$$

由此，可以计算一级指标的最大特征值：

$\lambda_{max}=5.1206$

③计算一致性指标CI和一致性比率CR。公式如下：

$$CI = \frac{\lambda_{max} - n}{n-1} \quad (5-8)$$

当n=2时，2阶正互反矩阵总是一致的，所以不用进行一致性检验。当n大于2时，用CR表示矩阵的一致性。CR=CI/RI。RI取值见表5-43。

表5-43　　**平均随机一致性指标**

阶数	1	2	3	4	5	6	7	8	9	10
RI	0	0	0.58	0.90	1.12	1.24	1.32	1.41	1.46	1.49

计算得到：

CI=0.0302

当n=5时，RI=1.12

CR=0.0269

CR<0.1，因此，一级指标的判断矩阵与一致性检验符合要求。

同样的，对其他指标的判断矩阵分别进行分析，得到的层次单排序和一致性检验结果如下所示：

一级指标的层次单排序，一致性检验为：

$n=5$，$\lambda_{max}=5.1206$，$\omega=$（0.0965，0.4134，0.1463，0.2829，0.0609），CI=0.0302，CR=0.0269

二级指标的层次单排序，一致性检验为：

A的层次单排序和一致性检验为：

$n_1=4$，λ_{max}（1）=4.0458，$\omega_1=$（0.1630，0.2551，0.1072，0.4747），CI（1）=0.0152，CR（1）=0.0169

B的层次单排序和一致性检验为：

$n_2=5$，λ_{max}（2）=5.1999，$\omega_2=$（0.1627，0.4237，0.1233，0.0576，0.2328），CI（2）=0.0499，CR（2）=0.0446

C的层次单排序和一致性检验为：

$n_3=5$，λ_{max}（3）=5.0906，$\omega_3=$（0.0780，0.4160，0.0704，0.2625，0.1732），CI（3）=0.0226，CR（3）=0.0202

D的层次单排序和一致性检验为：

$n_4=4$，λ_{max}（4）=4.0813，$\omega_4=$（0.4603，0.3029，0.0940，0.1428），CI（4）=0.0271，CR（4）=0.0301

E的层次单排序和一致性检验为：

$n_5=6$，λ_{max}（5）=6.2378，$\omega_5=$（0.3846，0.2265，0.0429，0.1091，0.0637，0.1732），CI（5）=0.0475，CR（5）=0.0384

上述各项CR均小于0.1，可以认为上述各项均通过一致性检验。

（4）层次总排序和一致性检验

为了评价层次总排序的一致性检验结果，需要计算其一致性检验的指标。CI为一致性指标；RI为平均随机一致性指标；CR为随机一致性比例。

$$CI=\sum_{i=1}^{m}a_iCI_i \tag{5-9}$$

式中，CI_i为与a_i对应的B层的一致性指标。

$$RI=\sum_{i=1}^{m}a_iRI_i \tag{5-10}$$

式中，RI_i为与a_i对应的B层的平均随机一致性检验的指标。

$$CR=CI/RI \tag{5-11}$$

$CR<0.1$时，认为总排序的计算结果有令人满意的一致性。

由上面的层次单排序CI（1）=0.0152，CI（2）=0.0499，CI（3）=0.0226，CI（4）=0.0271，CI（5）=0.0475，知RI（1）=0.90，RI（2）=1.12，RI（3）=1.12，RI（4）=0.90，RI（5）=1.24。

经计算：

$$CI=0.0965\times0.0152+0.4134\times0.0499+0.1463\times0.0226+0.2829\times0.0271+0.0609\times0.0475$$
$$=0.0360$$

$$RI=0.0965\times0.90+0.4134\times1.12+0.1463\times1.12+0.2829\times0.90+0.0609\times1.24=1.044$$

$$CR=0.0360/1.044=0.0345。$$

CR小于0.1，表明结果具有很好的一致性。

利用同一层次所有单排序的结果，可以计算就上一层次而言，本层次所有因素重要性的权重，这就是层次总排序。

本次万绿湖生态旅游集聚区实例的结果为表5-44，表中总排序即为各个指标所对应的综合权重。

表5-44　　游客满意度各项研究指标的综合权重

评价目标	一级指标	权重	二级指标	权重	总排序
万绿湖生态旅游集聚区游客满意度F	资源特色A	0.0965	景区知名度A1	0.163	0.0157
			互动参与度A2	0.2551	0.0246
			可进入性A3	0.1072	0.0103
			景观特色A4	0.4747	0.0458
	景区服务B	0.4134	旅游咨询B1	0.1627	0.0673
			导游服务B2	0.4237	0.1752
			线路安排B3	0.1233	0.0510
			游览预订B4	0.0576	0.0238
			投诉处理B5	0.2327	0.0962
	游览设施C	0.1463	导览标识C1	0.078	0.0114
			安全设施C2	0.416	0.0609
			休息设施C3	0.0704	0.0103
			卫生设施C4	0.2625	0.0384
			停车场C5	0.1731	0.0253
	游览体验D	0.2829	景区环境D1	0.4603	0.1302
			游客容量D2	0.3029	0.0857
			游船服务D3	0.094	0.0266
			推荐意愿D4	0.1428	0.0404
	景区消费E	0.0609	门票价格E1	0.3846	0.0234
			游船租赁E2	0.2265	0.0138
			旅游商品E3	0.0429	0.0026
			餐饮E4	0.1091	0.0066
			住宿E5	0.0637	0.0039
			体验项目E6	0.1732	0.0106

5.4.3 结果与分析

5.4.3.1 游客人口统计学特征分析

从游客人口统计学特征分析可以看出，万绿湖生态旅游集聚区抽样调查的游客中女性多于男性，占总人数的56%。从游客年龄结构来看，旅游区客源主要以16至40岁的中青年游客为主，这一年龄段的人具有较强的经济实力、较强烈的出游需求。从游客文化程度来看，大专及本科学历的游客为主要客源。从游客职业构成及收入来看，收入稳定、物质条件较好的游客在万绿湖客源中占主体地位。

5.4.3.2 客源市场空间结构分析

调查分析显示，广东省珠江三角洲地区游客、潮汕地区游客是区内客源市场主力军，占比分别高达29.25%、15.62%；广东、江西、福建三个省份占客源市场的重要地位，其余省份及境外游客较少。游客旅游目的分析显示，观光型游客占多数，其中71%的游客第一次到访旅游区，重游游客比率较低。

5.4.3.3 基于模糊综合评价法的游客满意度分析

对万绿湖生态旅游集聚区的资源特色、景区服务、游览设施、游览体验、景区消费5项内容进行游客满意度问卷调查，并对调查问卷的结果进行统计，得到各指标等级频次分布，见表5-45。

表 5-45　　游客满意度调研评分数据汇总表

指标	非常满意	满意	一般	不满意	非常不满意
景区知名度	119	401	115	12	3
互动参与度	39	195	336	60	20
可进入性	48	285	297	19	1
景观特色	118	265	235	29	3
旅游咨询	147	273	189	41	0
导游服务	96	330	184	28	12
线路安排	77	302	233	28	10
游览预订	95	280	215	52	8
投诉处理	88	362	177	18	5
导览标识	85	350	175	30	10
安全设施	220	220	145	52	13
休息设施	68	180	342	42	18
卫生设施	144	165	246	60	35
停车场	320	266	54	10	0
景区环境	272	318	42	18	0
游客容量	106	274	233	28	9
游船服务	78	293	199	66	14
推荐意愿	48	273	257	67	5
门票价格	24	176	305	105	40
游船租赁	60	196	321	54	19
旅游商品	49	158	340	71	32
餐饮	40	160	290	110	50
住宿	25	187	264	105	69
体验项目	36	114	318	123	59

设定评语集C=（非常满意，满意，一般，不满意，非常不满意）=（5，4，3，2，1），通过游客满意度调研数据汇总表得到各指标的隶属度矩阵，并利用权重加权求和，得到各指标的分项值和综合得分，见

表5-46。其中，评价等级列（“非常满意”“满意”“一般”“不满意”“非常不满意”）对应的是各等级的分值及各指标的隶属度，分项值对应的是各指标去模糊后的综合得分。

表5-46　　**游客满意度模糊评价结果**

指标	权重	非常满意	满意	一般	不满意	非常不满意	分项值
		5分	4分	3分	2分	1分	
景区知名度	0.0157	0.1831	0.6169	0.1769	0.0185	0.0046	3.9554
互动参与度	0.0246	0.0600	0.3000	0.5169	0.0923	0.0308	3.2661
可进入性	0.0103	0.0738	0.4385	0.4569	0.0292	0.0015	3.5536
景观特色	0.0458	0.1815	0.4077	0.3615	0.0446	0.0046	3.7166
旅游咨询	0.0673	0.2262	0.4200	0.2908	0.0631	0.0000	3.8096
导游服务	0.1752	0.1477	0.5077	0.2831	0.0431	0.0185	3.7233
线路安排	0.0510	0.1185	0.4646	0.3585	0.0431	0.0154	3.628
游览预订	0.0238	0.1462	0.4308	0.3308	0.0800	0.0123	3.6189
投诉处理	0.0962	0.1354	0.5569	0.2723	0.0277	0.0077	3.7846
导览标识	0.0114	0.1308	0.5385	0.2692	0.0462	0.0154	3.7234
安全设施	0.0609	0.3385	0.3385	0.2231	0.0800	0.0200	3.8958
休息设施	0.0103	0.1046	0.2769	0.5262	0.0646	0.0277	3.3661
卫生设施	0.0384	0.2215	0.2538	0.3785	0.0923	0.0538	3.4966
停车场	0.0253	0.4923	0.4092	0.0831	0.0154	0.0000	4.3784
景区环境	0.1302	0.4185	0.4892	0.0646	0.0277	0.0000	4.2985
游客容量	0.0857	0.1631	0.4215	0.3585	0.0431	0.0138	3.6770
游船服务	0.0266	0.1200	0.4508	0.3062	0.1015	0.0215	3.5463
推荐意愿	0.0404	0.0738	0.4200	0.3954	0.1031	0.0077	3.4491
门票价格	0.0234	0.0369	0.2708	0.4692	0.1615	0.0615	3.0598
游船租赁	0.0138	0.0923	0.3015	0.4938	0.0831	0.0292	3.3443
旅游商品	0.0026	0.0754	0.2431	0.5231	0.1092	0.0492	3.1863
餐饮	0.0066	0.0615	0.2462	0.4462	0.1692	0.0769	3.0462
住宿	0.0039	0.0385	0.2877	0.4062	0.1615	0.1062	2.9911
体验项目	0.0106	0.0554	0.1754	0.4892	0.1892	0.0908	2.9154
综合隶属度		0.1993	0.4392	0.2891	0.0566	0.0158	
综合得分		3.7495					

由表5-46可见，万绿湖生态旅游集聚区游客满意度综合得分为3.7495，在“满意”（4分）与“一般”（3分）之间，可见，游客满意度较高。

观察各指标的分项值，有2个指标的分项值在4～5之间，偏向于“非常满意”的水平，分别是停车场和景区环境，得分分别为4.3784和4.2985。说明游客对这两个指标的满意度较高，评价较好，应该继续保持。有两个指标的分项值在3以下，偏向于“不满意”水平，分别是住宿和体验项目，得分分别为2.9911和2.9154，说明景区需要对这两个指标进行相应的改进和完善。剩余指标分项值均处于3～4，即偏向于“满意”的水平，满意度较高。

5.4.3.4　基于IPA分析法的游客满意度提升策略

为了更好地分析各指标现有水平及需要改善的情况，本文选择重要性-满意度分析（IPA）的方法。基本思路是根据评价指标的重要性（权重）高低以及各指标的满意度（分项值）的高低绘制四象限图，以指标的重要性作为横轴，满意度作为纵轴，并分别以指标重要性、评价得分平均值所在的直线作为X轴和Y轴的分割线，将空间分为四个象限。[89]

万绿湖生态旅游集聚区的IPA分析结果如图5-26所示。由图可见，有8个指标处在第一象限，分别是：导游服务、景区环境、投诉处理、游客容量、旅游咨询、安全设施、线路安排、景观特色，说明这八项指标是万绿湖生态旅游集聚区的竞争优势所在，发展较好，需要继续保持。有4个指标处于第二象限，分别是：停车场、景区知名度、导览标识、游览预订。这些指标的重要性较低而评价等级较高，是需要继续保持的指标。剩余12个指标处于第三象限，分别是：体验项目、住宿、餐饮、门票价格、旅游商品、互动参与度、游船租赁、休息设施、推荐意愿、卫生设施、游船服务、可进入性。这些指标的重要性和评价等级均处于较低水平，是后续需要改进的部分。在第四象限没有指标存在，说明万绿湖生态旅游集聚区没有明显的竞争弱势，总体满意度较高。

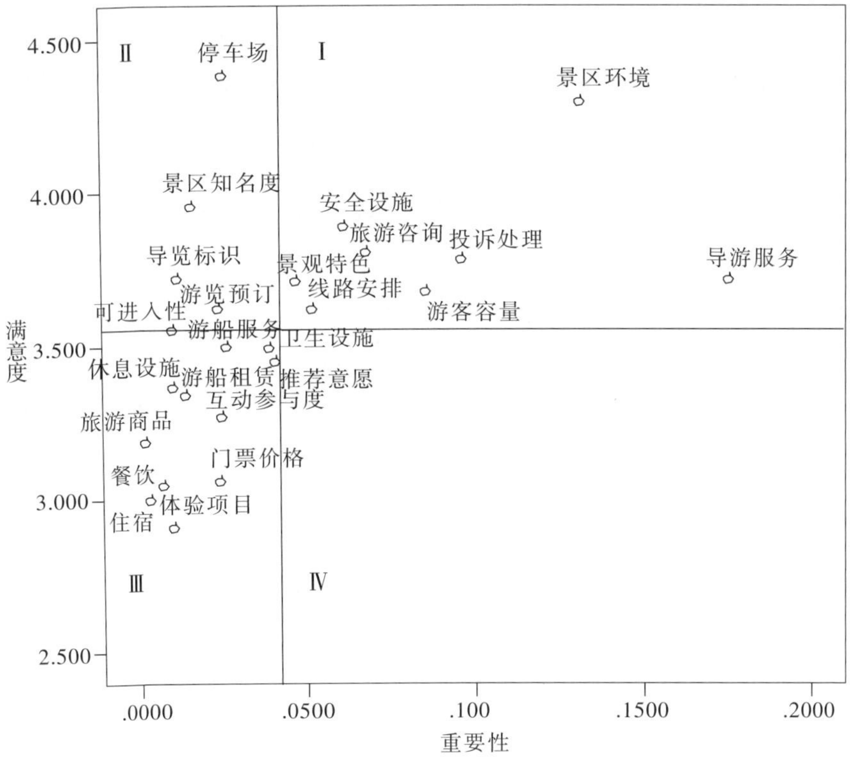

图5-26　万绿湖生态旅游集聚区满意度IPA分析结果

5.4.4 研究结论

国内研究学者程溪苹、孙虎[90]等在对景区游客满意度与特征分析中指出，所处地区的开放程度高、年轻化、学历较高、收入稳定型的游客对旅游景区的认知度较高，具备较好的出行条件，容易形成较强烈的出游意愿，是景区客源市场的支撑力量。万绿湖生态旅游集聚区目前存在体验项目单一、互动参与度较低等评价较低的方面，景区应该以活跃型客源为抓手，利用自身资源优势，开发特色鲜明、能够满足不同游客需求的旅游产品。

万绿湖生态旅游集聚区景区环境、配套停车设施、景区知名度指标是游客满意度较高的指标，但仍存在卫生设施、子景区可进入性较差等问题。万绿湖库区作为广东八大水源保护地，生态保护无疑是核心要素，要使景区动态发展与环境保护良性互动。处理生态承载量与游客容量的关系，需要配合创建国家5A级旅游景区、全国文明城市工作，做好卫生设施改造升级，优化景区宣传标识，对到访游客进行环保教育，引导游客文明的旅游行为。与此同时，以水文化、客家文化为切入点，积极推动生态旅游与旅游度假、康体活动、会展服务、文化演艺等综合性体验性项目的整合建设，改善旅游区内道路状况，提升景点之间、景点之内的可进入性。住宿、餐饮设施游客满意度较低，这是万绿湖生态旅游集聚区的弱势，也是景区生态旅游保护性开发的难题，景区可以尝试构建智慧旅游系统，向到访游客发布景区门票信息、新港客家小镇的餐饮及住宿信息，增强游客信息知晓度、参与度，提升景区预订服务水平。旅游商品开发方面，可以与文化创意公司合作，开发景区生态文化、水文化、客家文化特色纪念商品，如万绿湖风景3D眼镜、景区专题明信片、客家文化生活用具、主题纪念品等，这样既可以促进区域文化创意产业发展，又能新辟途径增强景区的知名度及游客推荐意愿，提升游客的重游率。[91]

5.5 民宿微景区化集群开发与品牌塑造研究
——以河源市民宿为例

河源市位于广东省东北部，毗邻粤港澳大湾区，是大湾区重要生态屏障和饮用水源地，区域资源禀赋良好，拥有一流的水质、空气和森林，全市人均水、森林、矿产资源拥有量均居全省第一，环境质量连续五年全省名列前茅，新丰江水库被评为首批“中国好水”水源地之一。河源市总面积1.58万平方千米，户籍人口370万人，下辖五县两区（东源县、和平县、龙川县、紫金县、连平县、源城区、江东新区）和河源国家级高新技术开发区以及河源市灯塔盆地国家级现代农业示范区。

河源距广州、深圳均约180千米，距中国香港约200千米。而随着粤港澳大湾区“硬联通”规划的推进，总共将有8条轨道交通和9条高速公路通向河源。河源将完全融入粤港澳大湾区1小时交通圈。到2021年年底，赣深高铁通车，从河源到香港只要54分钟，到深圳只要40分钟。广汕高铁通车后，到广州也只需要45分钟。在粤港澳大湾区规划中，明确提出要加快推进建设的高铁线路有4条，赣深高铁、广汕高铁是其中两条，它们将成为河源与湾区核心城市相连接的快速通道[①]。

河源特色民宿在河源市内均有分布，其中多集中在东源县、源城区。目前，河源大部分较有知名度的民宿都在乡村，经营情况普遍良好。据统计，河源市现有民宿已经超过100家，约500间客房，民宿从业人数达2 000多人；截至2021年4月，河源已登记并发证的民宿有33家（见表5-47），已经形成多个微景区化集聚发展区。以万绿湖民宿集群为例，目前已形成有约50家的民宿集群，包含梨花屋舍、循美·迴馨、到·吉宿、竹里馆等特色精品民宿品牌。

表5-47　　**河源市民宿登记管理进展情况表**

序号	民宿名称	地址
1	云上仙湖民宿	东源县上莞镇仙湖村石狗湖
2	山水客家民宿	东源县万绿湖新安码头2号B幢
3	梨花屋舍	东源县双江镇桥头村花蕉坪
4	到吉宿民宿	东源县仙塘镇到吉村新民小组
5	仙塘山居	东源县仙塘镇观塘村瓦下小组
6	顺景灵芝小院	东源县义合镇义合村摄布小组
7	竹里馆民宿	东源县义合镇义合村摄布小组
8	白云前民宿（木子·山居）	东源县上莞镇常美村壆背白云前
9	绿湖春民宿	东源县船塘镇铁坑村下禾小组
10	万绿人家民宿	东源县船塘镇石岗村富强小组枫树坑岗
11	客家人农家小院	东源县蓝口镇塘心村一小组
12	洋谭河鲜馆广裕民宿	东源县涧头镇洋潭村
13	阳光绿源民宿	东源县义合镇香溪村委小组13号
14	客家李记民宿	东源县黄田镇白溪村下崋小组
15	四季丰庄园	东源县黄田镇良田村长埔岗农科站内

① 资料来源：河源市文化广电旅游体育局《河源市民宿项目招商手册》（2021年5月）.

续表

序号	民宿名称	地址
16	绿缘湖景民宿	东源县新港镇新丰江林场林校坑尾
17	河源循美民宿	东源县新港镇碉楼居委会港中路128-168号
18	赖家湾民宿	东源县新港镇樟下坪小组
19	杨梅山庄	东源县新港镇杨梅村
20	渔家乐民宿	东源县锡场镇厚洞村委会新和小组1号
21	九成湾山庄	东源县锡场镇厚洞村九郁口小组2号
22	仙湖鼎云露民宿	东源县上莞镇仙湖村仙湖鼎平层负一层01房
23	双田乡村民宿	东源县新港镇双田村马坪路
24	梅子坑农场	东源县新港镇青溪村三民小组
25	万绿客家驿站民宿	东源县新港镇新丰江林场林校尾
26	忘忧草堂民宿	东源县新港镇新丰江林场林校坑尾-02栋房
27	桃源半岛生态农场	东源县新港镇青溪村对坑
28	锡场镇碧源生态园	东源县锡场镇水库村红梅小组13号
29	广东恒业民宿	紫金县紫城镇中埔村上坪组
30	杨家小院民宿	源城区埔前镇陂角村春沐源旁
31	邻家院子	源城区高埔岗街道大水井社区后面特色民宿
32	河源市涟岸美宿	源城区高埔岗龙源大道1号龙源温泉度假城中区酒店裙楼1-3层
33	春源温泉民宿	源城区埔前镇陂角村田心塘小组166-1号

数据来源：河源市文化广电旅游体育局.

5.5.1　河源民宿微景区化集群发展

河源市部分民宿产品已从最初的农家乐，发展成如今的中高端乡村旅游度假产品，一些高端民宿平均房价已超过市区五星级酒店。河源民宿突破“住宿”功能，转向“住宿+乡村文旅”融合，一部分民宿依托“山、林、田、湖”等资源，已逐渐成为微景区化休闲度假旅游地，相当多的民宿把住宿与乡村休闲、农事体验、亲子、研学、茶艺、徒步等结合起来，古驿道、果园、田野、农耕体验、手工制作以及乡村风情、乡村清新的空气都成了民宿吸引游客的卖点。[92]

例如，到·吉宿民宿推出了小朋友亲身体验磨豆浆、打糍粑、摘青菜及亲子研学活动；竹里馆有沙滩游玩、沙滩团建、红色之旅、水上皮划艇、竹工艺品制作等项目；梨花屋舍推出了古驿道探索活动；万绿客家驿站集客家民宿、会议和培训、旅游接待、果蔬种植、研学教育于一体。这些创新产品为河源乡村民宿发展注入了新的活力，使乡村民宿远远超越了简单的“旅业”功能，大大提升了游客的体验感和满意度，初步实现“住宿+乡村文旅”融合的功能转变。同时，民宿业主以个性化的经营特色，为这一新业态提升美的内涵，成为一道“以宿带村”的文旅风景线。

5.5.2 河源民宿创新营销与管理

河源市以文化主题统领民宿开发与运营，更好地满足了当前旅游消费需求中互动性、体验性、参与性、休闲性要求。尤其是移动互联网的普及，为河源民宿行业提供了广阔的创客发展空间，到访民宿的用户可以通过线上平台，以图片、短视频、VR等多元形式分享、推荐河源资源特色，形成良好的社群推广效应。例如，2020年5月，河源民宿行业协会依托微信群、公众号等自媒体联合推出“十家最美民宿低至三折起特惠预售活动”，这是广东省第一次由行业协会组织地区精品民宿集体社群营销，营销案例入选《酒店邦》，其创新营销效果显著，助推了行业复苏。2020年6月，《河源日报》连续3期策划了“遇见·河源最美民宿”系列报道，进一步推动河源民宿业发展，把河源最美的民宿展现给广大游客。2020年6月22日，《河源日报》记者曾飞文刊文《从零星发展到百花齐放：民宿渐成河源文旅新业态》，全面梳理了河源民宿的发展。2020年8月9日河源民宿入选《民宿里的中国》节目，河源涟岸·禧悦庄温泉美宿成为其选定的第42家拍摄点，其是广东第一家入选的民宿。

河源市通过一系列营销、管理及激励创新举措，贴近本土文化及资源特色，找到了以微景区化为目标的民宿产业规模化、品牌化、集约化发展模式。2019年、2020年，河源市文化广电旅游体育局连续两年在全市范围内开展河源市乡村旅游文旅融合创新大赛，经过项目申报、项目创建、项目预赛等环节，评选民宿项目奖项，实施“以奖代补”的激励政策。2020年，河源市文化广电旅游体育局创新性发布地方民宿业黄金周假期市场分析报告——《河源民宿业态2020年“五一”假期市场简析》。2020年7月，河源市民宿行业协会正式成立。2017至2020年，河源市人民政府陆续发布《河源市源城区星级旅游民宿等级划分与评定标准（试行）》《东源县星级乡村旅游民宿服务质量等级划分与评定标准》《东源县星级乡村旅游民宿奖励办法》等。2020年11月东源县人民政府印发《东源县民宿管理暂行办法》。2021年1月，河源市人民政府印发《河源市民宿管理实施细则》。2021年，河源市举行“美丽乡村民宿招商推介会”，集聚全国的民宿投资人，共商民宿产业发展及乡村振兴之路。

5.5.3 河源民宿反哺乡村旅游振兴

河源民宿依托丰富的生态、旅游、乡村、人文资源，结合乡村振兴战略，不断培育新兴民宿业态，民宿旅游逐渐成为“以宿带村”乡村文旅发展的重要形式。微景区化成为乡村旅游集散点，其旅游集聚、驱动效应日益凸显，已开始反哺乡村经济发展。以东源县梨花屋舍为例，10多名正式员工中90%是当地村民，每逢周末或节假日及果园农活高峰期，还要请3至15个临时工，仅工资福利支出每年就达百万元；同时，本地化采购以及客流带动衍生消费，亦为当地带来超百万元的经济收入。东源顺天田园综合体项目是乡村振兴、脱贫攻坚重点项目之一，其以“灯塔盆地管委会投入改造资金+农民出房子+专业团队出资并运营”的方式，打造顺天民宿，收益按6：3：1（运营团队6、村民3、村集体1）分配，助力美丽乡村居所改造，也保障了村民利益，增加了村集体收入。另外，众多村民以经营民宿及入股分红、出售农副产品、从事接待服务等方式，从事较高附加值的服务业，实现农民持续有效增收。

第6章

广东旅游资源开发与融合发展策略

近年来，中国产业结构开始发生变化，服务业成为经济新引擎，服务经济时代全面到来。从旅游产业结构上看，广东旅游产业转型升级及区域全面协调发展，将继续对全国旅游产业经济起到支撑作用，尤其是粤港澳大湾区旅游产业建设及空间布局、粤东西北地区12个市旅游产业提质增效，将是广东旅游经济实现跨越式发展的关键节点，对加快发展更高层次的开放型经济、培育国际经济合作和竞争新优势具有重要意义。

综合广东旅游城市生态位及DEA效率分析，以广东城市旅游生态位得分、生态位扩充程度及空间格局为基础，可为广东构建3个等级类型空间格局，即呈现出广州市和深圳市2个核心城市、惠州市等3个节点城市、梅州市等16个网络城市的旅游生态位空间格局。结合区域旅游竞合、差异化营销理论，基于生态位测评结果、DEA模型数据分析，可知广东旅游产业应该拓宽旅游开发与融资渠道，努力实现旅游城市从资源型向创新型转变，实施文旅融合战略，对引领旅游产业供给侧结构性改革、高质量发展具有重要现实意义。

6.1　统筹旅游产业发展规划

广东旅游产业应该衔接国家2035战略及“十四五”旅游规划布局，全面评估广东全域旅游发展条件，判断全域旅游发展阶段存在的问题，对旅游发展的宏观战略、顶层设计作出调整。广东应该明确旅游产业发展战略目标、定位和实施路径，编制广东旅游业“十四五”规划。首先，规划内容应该包括对接旅游发展的政策、理念和标准，结合广东实际情况，提出旅游发展的战略、路径、定位和形象。其次，应该做好旅游发展布局，提炼旅游重点项目、产品组合和品牌。再次，应提出“旅游+新业态”及相关产业要素融合发展策略，规划乡村旅游发展策略及举措。最后，需要提出广东旅游发展品牌营销策略，探索旅游管理体制机制建设、智慧旅游体系框架建设。

总而言之，广东应该统筹旅游产业发展规划，敢于创新，便于操作。规划应该规避因循守旧，照搬老观念、老形式、老套路，深刻理解全域旅游的时代背景、理论内涵及实践误区，通过深入调研分析，确定目标，推导路径，让规划高起点、可操作。规划要体现政府的引导作用，推动政府关注根本问题、前沿问题，聚焦于顶层谋划、政策设计、监督管理与公共服务能力建设。规划要体现市场在资源配置中的决定性作用，以释放市场活力为中心工作。规划要突破传统旅游的学术边界、产业边界、管理边界，促进旅游资源社会化、社会资源旅游化，推动旅游的发展方法在各领域的应用，让旅游的思维渗透进社会经济各领域。同时，规划也要顺应社会发展迅速、不确定因素增多、新需求不断涌现的形势，为未来发展留足空间，保证发展弹性。

6.2 落实旅游产业供给侧结构性改革

通过广东省旅游城市生态位剖析，结合区域竞合理论，可知广东旅游产业转型升级任务紧迫，突破口在于寻求旅游基础设施、旅游资源开发、旅游市场拓展、旅游产业融合等多角度、多领域发展，以弥补生态位中各城市的短板。

第一，广东旅游产业应该紧扣粤港澳大湾区发展的核心带动作用，通过智慧旅游、文旅融合，优化珠三角核心区的宜业宜居宜游生活圈，引流入粤。第二，培育粤东、粤西各旅游城市的核心竞争力，进行差异化发展，开展海滨海岛游、温泉旅游、森林旅游等，打造新增长极，与珠三角核心城市串珠成链，形成沿海旅游经济带。第三，粤北山区应该围绕“生态”做好旅游产业发展规划，以生态优先、绿色发展为引领，寻找独特性、差异性旅游开发方式，打造乡村旅游、生态旅游、文化旅游、研学旅游、体育旅游等新亮点，建设研学旅行基地、乡村旅游重点村镇、客家文化主题民宿等，建设广东省健康休闲旅游胜地。第四，关注共享住宿、游艇旅游等旅游新业态，深入挖掘旅游城市地区生产总值与新业态增长的关联因素[93]，做好政策扶持、产品塑造。第五，城市旅游发展，应该着手做好“全域旅游”规划，注重生态资源维度的整治，以“文旅融合”的视角利用好国家级风景名胜区、国家级森林公园、国家级自然保护区、全国重点文物保护单位、国家历史文化名城、国家级非物质文化遗产等一批优秀旅游资源，拓宽旅游产业开发融资渠道，推动各旅游城市从资源型向文旅创新型转变，倡导“文旅+金融”“文旅+科技”“文旅+互联网”“文旅+教育”等战略，引领旅游产业高质量发展。

6.3 策划城市旅游品牌营销

从2018年开始，中国国内旅游总收入突破5万亿元，我国旅游业在国家政策利好、人民收入提升、基础设施快速完善等因素的推动下，日益实现增长与发展，其综合效益、区域带动、产业结构等方面也发生了深刻变革。旅游业正突出其综合带动效应，成为各城市引领消费产业发展、引导区域经济腾飞的引擎产业，广东各旅游城市也将旅游业作为战略性支柱产业。[94] 尤其是进入“十三五”以来，大众旅游时代全面来临，“互联网+”不断改变旅游业的营销格局。因此，如何运用科学的市场营销理念、策略指导城市旅游品牌营销实践，无疑是广东各城市旅游产业发展面临的重要任务。

1970年，美国未来学家阿尔文·托夫勒在《未来的冲击》一书中预言：“服务经济的下一步是走向体验经济，商家将靠提供体验服务取胜。”[95] 体验旅游已经是体验经济发展的必然结果，随着移动互联网的嵌入，以智慧旅游为框架的人工智能、景区VR等文化与科技元素，正推进旅游产业朝高端化、智能化、融合化方向发展，融屏矩阵、泛视频化、场景营销成为热点。

广东多地从特色文化出发，与旅游资源充分结合，打造区域特色、文化渲染的特色小镇、文化街区等，塑造城市旅游品牌，并通过移动营销平台扩大文化传播力度。另外，政府及各旅游行政管理部门要发挥引导作用，在营销宣传方面给予新兴旅游体验项目以支持，从而带动旅游业有序、健康地发展。旅游企业亦应重视体验旅游设施的建设，适应旅游消费者的心理需求、设计具有创新意义的旅游体验项目也将是旅游企业品牌传播与认可的关键。

依据生态位测评及DEA效率分析结果，从城市旅游品牌宣传角度切入，挖掘广东各旅游城市的自然旅游资源、人文旅游资源、非物质文化遗产等，并通过差异化营销手段，加强城市旅游形象塑造与营销。例如，中山市“伟人故里，锦绣中山”，河源市“客家古邑、万绿河源”，梅州市“千色客都，中国梅州”，江门市“侨乡山水风情画”，阳江市“海天动情阳江游”，惠州市“名山秀水惠州游”等。另外，从生态位空间格局上看，核心城市、节点城市、网点城市应该进行城市间紧密合作，以点带面，开展区域旅游生态链整合、辐射带动，避免城市旅游同质化发展及恶性竞争，力争实现区域旅游产业共赢发展。

6.4　重视乡村旅游产业创新

由OTA数据挖掘分析结果可见，旅游景区特色资源是核心产品，因此，乡村旅游产业融合发展，要紧密把握乡村振兴战略要求，推动全域旅游发展。全域旅游是以区域的旅游业为优势产业，优化经济社会资源配置，对旅游业周边产业、配套公共服务进行有机融合，实现价值共现、主客共享，以推动乡村资源整合创新，带动就业、创业环境提升，拉动旅游收入正增长。

乡村振兴背景下的旅游产业融合发展，应该把握“创新、协调、绿色、开放、共享”五大发展理念，从规划入手，对田园综合体、农业体验、房车营地、三养度假、户外运动等新兴子项目进行挖掘，吸引区域中高端旅游消费人群，直接带动周边村落的农家乐、乡村餐饮、农业采摘、乡村民宿项目，实现旅游扶贫效应。贯彻五大理念的旅游综合载体的发展与运营，可以带动住宿餐饮业、商品销售业、交通运输业、文化产业等第三产业的发展，从而推动文化宣传、招商引资、区域合作等活动，进一步优化产业结构，促进广东县区、镇域经济的快速发展。

6.4.1 挖掘优质乡村旅游资源

围绕科学规划原则，广东乡村旅游业应该以优质资源为载体，对旅游项目进行科学选址、系统规划、一矢中的。通过旅游管理、营销和交通一体化，进行“区位比选、周边影响、多规衔接”等三类分析，综合研究确定规划项目的合理位置与具体范围。遵循统一规划、分期实施、滚动发展的思路，本着近期的可操作性与中远期的前瞻性相结合的宗旨进行旅游项目策划。

农业及农村新旧动能转换蕴藏着乡村旅游发展的巨大潜力，但不可能一蹴而就，其涉及旅游数据信息服务、旅游产品流通与销售等多部门配合，让一二三产业全线贯通、融为一体。乡村政府、企业、居民三方是利益交集的共生体，在旅游项目开发运营过程中要兼顾好三方的利益分配，保证旅游项目的可持续发展。旅游产业包括“食、住、行、游、购、娱”等六大要素，应深入挖掘食、住、购等旅游配套服务，发挥旅游业的先锋带动作用，在原有一二产业的基础上，延长产业链，提高旅游业的附加值。在“行业产业+旅游休闲”战略引导下，以顺势而为、绿色引领为原则，坚持宜居、宜业、宜游，做好三产联动、文旅融合，建立稳定的乡村旅游合作机制，从而促进乡村旅游经济可持续发展。[96]

6.4.2　实施茶旅融合创新发展

发展现代茶产业旅游，是助力农民脱贫的重要举措，也是茶产地发展现代农业的重要载体。因此，茶旅融合背景下的观光茶园与一般茶叶生产园相比，既有相同之处，又有明显的区别。茶旅融合的特色茶园必须具备观光游览区、休闲度假区，需要做到有景可观、有茶可品、有礼可购。结合国家乡村振兴战略，茶乡应该从多产业载体、内涵创新两个方面进行资源挖掘、产业拓展、品牌塑造、产品推广。

茶旅融合，需要根植于茶文化内涵，激活产业载体，以高标准、高规格进行茶旅规划（如图6-1所示）。内涵创新方面，要紧扣当地文化特色，挖掘茶史典故、茶艺茶俗、茶戏茶节，将茶文化资源禀赋梳理与内涵挖掘统一起来。产业载体方面，应该聚焦于本土化、人文化，重点围绕茶饮茶宴、茶山旅游、茶乡民宿等，以茶文化促进茶旅产业落地与品牌塑造。通过内涵创新、产业载体构建，做到“以茶兴旅、以旅促茶、茶旅融合”，促进乡村产业转型与振兴。[97]

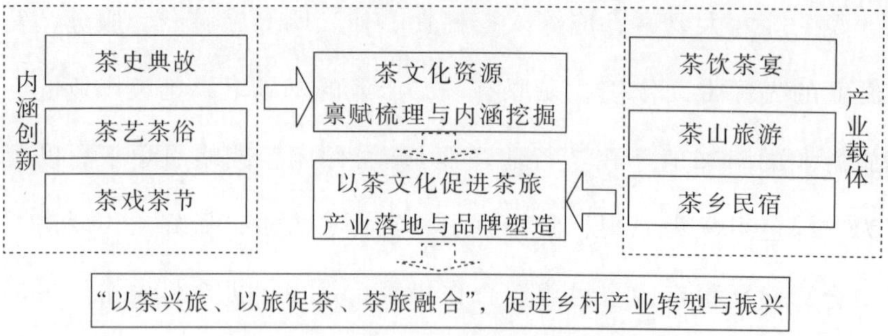

图6-1 茶旅融合的产业载体与内涵创新

（1）产业载体

茶旅融合可重点围绕茶产业资源特色，实现旅游资源开发。茶乡茶田可以在不影响茶叶生长的前提下，通过景观改造和花木补植，美化茶园的游憩景观，形成良好的生态旅游资源，并充分利用现有的条件，加强对茶园的环境管理与优化，适当开展生态旅游。登览茶山，参观茶乡，了解茶叶的功能，采购符合自身身体状况的茶叶种类，体味品茶情趣，并在茶田清新的空气、优美的景致中修身养性。

引导茶叶加工企业发展茶加工旅游，可植入茶产品私人订制、DIY设计，开发茶饮茶宴，并将茶叶生产流程开放为旅游项目，建设“工农业旅游示范基地”，开发具有当地文化特色的茶点手信、茶纪念品。文化和旅游部出台的我国第一部关于民宿旅游的行业标准《旅游民宿基本要求与评价》已经于2017年10月1日起正式实施，广东在旅游条例中也加入了民宿的内容，非标住宿的监管与标准正在逐步完善。茶旅融合可将茶乡优美资源进行项目拓展，通过盘活茶乡闲置土地资源，在国家政策允许范围内，与民宿、客栈、精品酒店、公寓等非标住宿业实现资源整合，经营富有文化品位的茶乡民宿，实现茶乡民宿的精致化、品位化发展。

旅游业涉及“食、住、行、游、购、娱”等六大要素，随着大众旅游时代的到来，各地旅游业方兴未艾。具有良好生态资源、人文特色的潜在旅游地，成为资本市场寻觅投资开发的热点。茶产业具有的资源性、文化性、产业性、市场性，恰好与旅游业的六要素开发吻合，其与旅游业碰撞后，容易实现资源融合、技术融合、市场融合、企业融合等产业功能融合。[98]

（2）内涵创新

与多产业载体相配套，茶旅融合可延伸开展茶俗茶事的节庆旅游。通过茶文化旅游节、茶博会等，充分发挥会展节庆活动的联动效应，精心打造茶文化旅游节的品牌，使茶文化与旅游业有机结合，实现区域整合营销。在旅游节庆活动开发中，应注重挖掘泡茶、赏茶、茶艺表演的休闲旅游价值，引领论茶、品茶新风尚，塑造茶产业特色旅游产品。例如，四川蒙顶山茶文化旅游节，就设计有“春·采茶”“夏·纳凉”“秋·骑游”“冬·喝汤”系列活动，从而实现以茶促旅。利用茶园优美的自然环境和丰富的茶文化知识，还可以开展茶学科普、青少年茶文化研学旅游，针对寒、暑假亦可推出以山水茶乡游为主题的冬令营、夏令营活动。另外，在有条件的茶乡，可结合宗教文化开发修行旅游，利用现有茶与宗教文化资源举办禅茶文化节等，以独特的佛、道茶文化内涵吸引众多的爱茶之人，开发禅修旅游产品等。

6.4.3 坚持低碳可持续发展

围绕多元融资原则，广东乡村旅游的建设与发展要充分运用银行资金、保险资金、债券、基金、扶持资金、投资机构资金等各类资金，搭建一个由“政府、企业、金融机构”构成的多元化投资平台，科学合理地进行投资规划，为景区开发、重点项目建设与运营提供金融支持。坚持低碳生态原则，以生态为基质，坚持科学发展观，充分考虑资源、环境的旅游承载力，实施保护性、原真性的生态开发，营造原生态的意境和大背景，实现资源与环境的永续利用，做足生态旅游。

6.4.4 开发文旅创新产品

广东正在实施文化和旅游融合发展三年行动计划，文化、旅游、体育融合发展，服务消费持续扩容提质，红色旅游、南粤古驿道旅游、研学旅游等成为特色旅游新亮点。“粤美乡村”旅游品牌塑造启动，广东近期发布了首批省级全域旅游示范区7家、首批“广东省旅游风情小镇”20家。

文化特色是旅游业的灵魂与生命，文化品牌是增加乡村旅游附加值的根本发展之路。乡村旅游的开发与运营，应该高起点做好文旅融合产品筹划，以本土化、民俗化产品为雏形，抓好“三产融合”，致力于生态文化、民俗文化、饮食文化、康体文化融为一体的旅游产品开发，将打造带得走的文旅乡愁产品作为“核心板块”，做大做强项目多元化旅游产品品牌。

实施乡村振兴战略，是促进新时代乡村经济社会发展的重要举措和必然选择，其核心动力在于创新，不断地顺应市场环境。具体而言，乡村旅游资源的开发需要将资源优势与特色进行适当的改造与系统创新[99]，从而挖掘产业价值，在茶旅游体验模式下，关注游客的消费需求，将饮食元素与旅游消费理念融合，结合生态资源特色、文化优势，进行差异化、人本化创新，这样才能将乡村旅游品牌塑造好，并且推广出去。

因此，在乡村旅游资源开发过程中，需要进行“区位比选、周边影响、多规衔接”等多层次、多角度分析，综合研究确定资源开发的定位、线路组团、经济拉动效应等，做好旅游产业的“加减乘除”。在“加减乘除”中，“加”是考虑项目设计多样性、定位丰富准确；“减”是要避免同质化、资源浪费、环境破坏；“乘”是做好产业融合，运用“互联网+”做好旅游+；“除”是精准地定位资源特色，做好“人无我有、人有我优”。“互联网+”“共享经济”等商业模式的兴起，促进了新的旅游开发与运营模式的构建，旅游产业应与经济形势紧密结合，承接经济发展新模式，推动乡村旅游产业的转型升级、振兴发展。

6.5 推动生态旅游养老产业发展

6.5.1 老龄化现状及养老模式

“老龄化社会”是指65岁以上的人口比率超过总人口的7%，而超过14%可以称为“老龄社会”。据世界卫生组织（WHO）的报告，我国60岁以上老人数量至2025年将增加1倍至2.88亿。[100] 从目前实际情况来看，中国从2001年就已经进入老龄化社会，2005年老龄化比例为7.6%。根据预测数据，我国将在2025年前后进入老龄社会，速度与日本大体相同。预计到2040年，65岁及以上老年人口占总人口的比例将超过20%。

与中国庞大并日益增长的老龄人口相比，我国国内养老产业及专门机构的数量与质量都不容乐观。目前，我国的养老模式以家庭养老、机构养老、社区养老为主。家庭养老是指家庭成员为年长的老人提供养老资源的养老方式。但随着社会环境的发展，越来越多的年轻人因为生活习惯、工作压力等原因，不愿意婚后与父母共同居住，可见家庭养老模式面临挑战。机构养老是指由专业的养老组织或机构对年老者进行照料、护理，家属向专业机构支付养老费用的模式。[101]

据民政部统计，截至2020年9月，我国各类养老机构有4.23万个，床位仅429.1万张，“入住养老”的老年人214.6万人。按照我国社会养老服务体系建设规划提出的目标，平均每千名老人拥有的床位数要到30张，照此计算，全国养老床位总数应达660多万张，尚有230多万张的缺口，养老服务形势严峻。2020年，国家发改委等八部门联合发布《关于促进分享经济发展的指导性意见》，对基于分享经济背景下的健康养老领域给出了指导意见，其中包括生态养老、旅游养老、旅居养老等多种形式，这对引导社会资本投资养老产业具有重要意义[102]。可以预测，生态旅游养老将以创新性、引领性，推动生态旅游产业转型升级，养生、养心、养老等“三养”旅游将是庞大的旅游发展产业平台。根据相关机构预测，“十四五”期间，我国养生旅游将以复合增长率20%的比例快速增长。

6.5.2　生态旅游与养老产业的契合效应

国务院印发的《“十三五”国家战略性新兴产业发展规划》（国发〔2016〕67号）指出，“以体制机制创新推动分享经济发展，建立适应分享经济发展的监管方式，促进交通、旅游、养老、人力资源、日用品消费等领域共享平台企业规范发展，营造分享经济文化氛围”等重点领域。[102]生态旅游养老的主要内容是，依托生态旅游资源优势，为老年人提供生活起居、娱乐休闲、运动康体、医疗救护等多方面生活服务。[103]生态养生，其本质是指围绕生态空间、富氧自然条件，植入山居、田园风光，以回归自然、享受生命、康养健体、治疗疾病、颐养天年为人居方式，具有异地性、生态性、综合性等特征，这与生态旅游的出发点高度契合。

1993年，国际生态旅游协会将“生态旅游”定义为具有保护自然环境和维护当地人民生活双重责任的旅游活动。生态旅游是依据可持续发展理论，在对自然景观充分尊重的前提下，实施旅游项目开发，实现旅游产业效益。因此，生态旅游强调旅游经济效益与社会效益、环境效益的和谐统一。

随着粤港澳大湾区的规划与发展，广东人口集聚效应日益增强，老年化与异地养老市场前景广阔。因此，广东生态旅游养老的实施也是区域传统旅游业转型升级的新方向，具有较强的专业性与复杂性。第一，生态旅游养老产业属于长效投资，需要解决投资者认识问题，注意全景规划与分步战略，重点解决老年旅游产业产品单一、服务断层等问题，以焕发生机，挖掘养老市场潜力。[104]第二，要重视对人们养老观念的引导，生态养老属于异地养老，应该理顺观念，剔除歧视，到气候宜人、生活条件优越的地方养老也是“孝”的体现。第三，要加大政策引导与扶持，以吸引更多社会资本参与。广东各城市应该根据民政部门、卫健部门的规划，结合旅游资源特色，如温泉疗养、文化体验、森林度假等旅游产品，开发有机食品，整合医疗资源，解决生态旅游养老的各项难题。第四，要与职业院校、机构合作，培养专业养老人才队伍，破解养老人才匮乏的现状，完善健康养生职业教育体系建设，定向培养与输送康养专业人才。

6.6　做好游客网络舆情研究

旅游业作为未来经济发展的主要产业，同样需要往绿色环保、高质量、高附加值的方向发展，这样才能够真正促进经济发展。在广东各区域旅游城市，旅游业是其国民经济的主要支柱产业，对于产业的转型升级和提质增效更是迫在眉睫。旅游业景区的发展，离不开基础设施的建设与完善。各类设施要具备人性化的特点，让游客能够在轻松愉悦的环境下体验景区所带给他们的独特感受。

然而，互联网技术的普及与迅速发展，使网络已经融入人们生活的方方面面，旅游业与互联网的联系也日益紧密，在线旅游成为常态。中国互联网络信息中心（CNNIC）发布的第47次《中国互联网络发展状况统计报告》显示，截至2020年12月，中国网民规模达9.89亿，互联网普及率达70.4%。中国在线旅游用户规模超过4亿人，景区门票在线交易额约288.8亿元，门票线上化渗透率约为18.3%，可见线上旅游消费的渗透率仍有提升空间。

在线旅游消费者，是通过互联网、移动互联网、电话呼叫等方式，进行门票购买、酒店预订及在线租车等自助旅行服务。面对产业转型升级、提质增效的滚滚浪潮，在体验经济时代，游客更为看重体验满意度，会通过在线旅游平台，真实地反馈与分享旅游消费感知。在线消费旅游者对旅游景区、酒店的售后评价，呈现出即时性、直观性、真实性。因此，各城市旅游管理部门应该引导企业关注OTA在线数据及网络口碑，收集并挖掘游客的感知信息，为旅游目的地形象打造提供重要的参考。

在这个大的背景之下，广东各城市应该引导旅游景区根据自身发展现状，重视游客网络舆情研究，围绕体验满意度评价这个课题实施常态化监测、调查，旨在通过调查与研究，用数据和事实论证共享经济视角下旅游产业的发展情况，对推动旅游业的转型升级、提质增效具有重大意义，也可为传统旅游景区转型、项目创新发展提供建设性、有针对性的策略。

第7章

研究结论及未来展望

7.1 研究结论

本书基于生态位理论、DEA模型等方法，对广东旅游产业发展进行专项研究，从旅游资源维、旅游市场维、社会经济维、生态环境维等多个维度构建变量分析指标，运用生态位理论、DEA模型、ROST Content Mining百度指数、模糊综合评价法、IPA分析法等方法，系统开展研究。研究过程中综合运用管理学、生态学、旅游经济学、文化学、消费者行为学、市场营销学等相关理论，结合旅游区域数据挖掘、调研，运用生态位理论、SPSS统计分析方法、DEA模型、ROST Content Mining等，进行交叉、整合、系统实证研究，实现定性与定量的综合集成。

本书主要有以下结论：

第一，旅游生态位是指旅游地在特定的时空范围内，依托资源品位特点、市场潜力状况以及旅游开发环境条件，而确立自身在区域旅游系统中所处的地位、发生的作用、体现的功能及周边旅游地的相对关系。旅游生态位是旅游研究的热点，其主要是采用生态位理论，围绕旅游生态位发展指标，测评旅游生态位及生态位扩充，研究区域旅游发展中的竞合模式，进行态势分析，促进结构优化等。

研究成果围绕旅游生态位的主要影响因素，如旅游产品、客源市场、资源状况、目的地形象、社会环境等进行综合分析，以发展态势分析如何推动城市产业经济、产业结构的良性发展。

第二，研究聚焦广东区域旅游资源，提出旅游生态位上重叠是产生区域旅游竞争的重要原因，而生态位形成的推动系统对区域旅游产业发展具有重要意义。项目通过生态位、DEA模型等双重视角，围绕旅游城市竞争力生态位指标及DEA模型核心系统层，构建指标层、变量要素层，根据广东旅游经济转型升级的新特征，加入了旅行社组团出境游人数、第三产业占GDP的比重等旅游产业前沿领域研究数据指标。

第三，本书围绕旅游城市生态位测度、DEA模型、ROST Content Mining百度指数、模糊综合评价法、IPA分析法等分析，将生态位理论、DEA模型等多种实证分析运用到区域旅游生态位判别、空间格局建构、旅游投入效率等识别体系中，围绕生态位及DEA模型进行测评，从存在的问题入手，重点对广东区域旅游产业、粤北山区弱势旅游地发展态势及开发策略、乡村旅游发展等领域进行研究。研究过程中，充分聚焦与分析旅游资源开发、旅游城市形象塑造、城市旅游经营效率等研究领域，对区域旅游发展、城市旅游产业推广提出针对性策略。

7.2 研究不足及未来展望

由于研究需要与职能部门、行业组织联系，与重点旅游企业紧密合作，深化全域旅游、乡村旅游、民宿旅游等专题调研，同时由于研究时间、精力、能力的限制，因此研究仍存在不足之处，下一步需要深化研究领域，努力拓展研究成果。

第一，本书运用生态位及DEA模型，对区域旅游产业发展进行测评，出于便于分析的目的，本书对模型核心系统层、指标层、变量要素层进行了预设，然而在现实旅游产业中，核心系统层、指标层、变量要素层均存在地区差异、时间与空间差异。因此，如何更有效地构建测评指标系统，成为研究结论可行性、有效性的关键，还需要进一步研究区域旅游空间结构演化的情况，为下一步研究打好数据层、指标层基础。

第二，本书虽然从宏观和微观角度，较为系统地对广东旅游产业进行了生态位测度与DEA模型分析，通过分析广东城市旅游生态位得分、生态位扩充程度及空间格局、DEA效率等，构建了广东3个等级类型空间格局，呈现出广州市和深圳市2个核心城市、惠州市等3个节点城市、梅州市等16个网络城市的旅游生态位空间格局。但事实上，广东区域旅游空间结构的演化还受到旅游市场散发力量的相互作用，是一个非常复杂的系统结构，其中还有部分动力因素没有纳入评价体系，例如高铁等交通方式的发展对旅游空间结构的影响机制，这也是深化研究的一个方向。

旅游产业发展是广东服务经济优化升级的新引擎、新动力，智慧旅游产业、旅游消费转型升级、文旅融合发展等仍是未来学术界的重要研究领域。后续研究仍需重点对粤北山区旅游资源品位、开发潜力及经济环境等进行持续关注与研究，同时以旅游规划与发展研究中心为平台，围绕区域“十四五”文旅体发展规划、全域旅游规划，推动研究成果落地与实践，为区域旅游产业有序、健康发展提供理论支撑。

参考文献

［1］谯娇．进入“冰冻期”的旅游业何去何从［J］．文化月刊，2020（3）：32-35.

［2］马宏丽．基于“长尾理论”的我国旅游景区盈利模式创新策略研究［J］．河南社会科学，2014，22（10）：104-106.

［3］林源源．我国区域旅游产业经济绩效及其影响因素研究［D］．南京：南京航空航天大学，2010.

［4］乔花芳，谢双玉，曾菊新．湖北省旅游经济的空间非均衡性演化及影响因素［J］．地域研究与开发，2018，37（5）：100-105.

［5］张敏敏，朱宝莉，杨新宇．中国旅游生态位研究综述——基于2005年至2015年的数据［J］．开发研究，2017（1）：142-148.

［6］王书升．基于生态位视角的广东省孵化器可持续发展评价研究［D］．广州：华南理工大学，2017.

［7］汪清蓉，余构雄．区域旅游城市生态位测评及竞合模式研究——以珠江三角洲为例［J］．旅游学刊，2008，23（3）：50-56.

［8］罗小龙，甄峰．生态位态势理论在城乡接合部应用的初步研

究：以南京市为例［J］. 经济地理，2000（5）：55-58.

［9］林开敏，郭玉硕. 生态位理论及其应用研究进展［J］. 福建林学院学报，2001，21（3）：283-287.

［10］王勇，李广斌. 生态位理论及其在小城镇发展中的应用［J］. 城市问题，2002（6）：13-16.

［11］武晓辉，韩之俊，杨世春. 区域产业集群生态位理论和模型的实证研究［J］. 科学学研究，2006（6）：58-63.

［12］李星，佟继英. 京津冀高技术产业协同发展研究——基于生态位理论［J］. 技术经济与管理研究，2019（3）：119-123.

［13］孙郧峰，范经云，赵军. 基于生态位理论的新疆核心城市竞合关系研究［J］. 数学的实践与认识，2020，50（7）：254-264.

［14］黄芳. 优化旅游系统的生态学原理［J］. 生态经济（中文版），2001（11）：19-20.

［15］祁新华，董观志，陈烈. 基于生态位理论的旅游可持续发展策略［J］. 生态经济（中文版），2005（8）：92-94.

［16］邹仁爱，陈俊鸿，陈绍愿，等. 旅游地生态位的概念、原理及优化策略研究［J］. 人文地理，2006，21（5）：36-40.

［17］马勇，童昀. 基于生态位理论的长江中游城市群旅游业发展格局判识及空间体系建构［J］. 长江流域资源与环境，2018，27（6）：56-66.

［18］曹兴华，完得冷智，覃建雄. 四川省藏区旅游业竞争力及空间格局实证研究——基于生态位理论［J］. 贵州民族研究，2018，39，

207（5）：158-162.

［19］宋竹芳，徐宁，曹妍雪. 中国西部省区旅游生态位测评及旅游空间格局研究［J］. 北方民族大学学报（哲学社会科学版），2020（2）：48-56.

［20］王同孝，孙召洁. 基于DEA的高校经费支出结构评价——以山东省为例［J］. 会计之友，2011（29）：112-115.

［21］杨印生，张德骏，周克义，等. DEA模型在企业管理中的应用［J］. 管理现代化，1993（5）：23-26.

［22］宣家骥，于强，孙枫林. 国际贸易与投资环境相对评价的DEA模型及应用［J］. 国际贸易问题，1994，（9）：42-46.

［23］田军，何德权，黄登仕. 基于多准则随机EDA模型的投资决策评价方法及应用［J］. 中国管理科学，2000（4）：43-49.

［24］樊华. 长江三角洲各城市经济发展有效性研究［J］. 开发研究，2005（3）：60-63.

［25］王婧，杜广杰. 中国城市绿色发展效率的空间分异及驱动因素［J］. 经济与管理研究，2020，41（12）：11-27.

［26］张燕，盛妮，蓝裕平. 粤港澳大湾区可持续发展效率研究——基于三阶段SBM-DEA模型［J］. 技术经济与管理研究，2020，292（11）：124-130.

［27］崔媛，朱卫未，淦贵生. 基于两阶段网络DEA模型的省域宜居水平测量方法研究［J］. 生态经济，2021（2）：82-87.

［28］Farrell M J. The measurement of productive efficiency［J］.

Journal of Royal Statistical Society, 1957, 120 (3): 253-278.

[29] 张颖. 危机事件视域下的旅游经济重建与效率评价研究——以广东省21个地级城市为例 [J]. 对外经贸, 2020, 316 (10): 108-112.

[30] 于婷婷, 左冰, 宋玉祥, 等. 中国旅游业发展对区域经济效率的影响——基于中国283个地级市的实证证据 [J]. 地理研究, 2020 (6): 1357-1369.

[31] 吕洁华, 刘梓田, 张滨, 等. 中国旅游产业的生态效率与空间效应 [J]. 东北林业大学学报, 2020, 48 (10): 51-56, 62.

[32] 李玺, 叶升, 王东. 旅游目的地感知形象非结构化测量应用研究 [J]. 旅游学刊, 2011, 26 (12): 57-63.

[33] 杨永德, 白丽明, 苏振. 旅游目的地形象的结构化与非结构化比较研究——以阳朔旅游形象测量分析为例 [J]. 旅游学刊, 2007, 4 (22): 53-57.

[34] 蔡溢, 杨洋, 殷红梅. 基于ROST文本挖掘软件的贵阳市城市旅游品牌受众感知研究 [J]. 重庆师范大学学报 (自然科学版), 2015, 32 (1): 126-134.

[35] 苗红, 马金涛, 张欢. 基于网络文本内容分析的宁夏休闲农业开发与需求特征研究 [J]. 开发研究, 2014 (2): 104-108.

[36] 宋振春, 赵彩虹, 李旭东. 中国出境旅游的社会认知研究——跨文化交流视角的网络文本分析 [J]. 旅游学刊, 2018, 33 (3): 75-88.

[37] 胡家镜，万秋，吕兴洋，等. 古镇慢旅游特质要素识别与分析——基于游客体验的视角 [J]. 资源科学，2019，41（3）：467-474.

[38] 黄瑞红，唐明晖. 丹霞山丹霞地貌旅游资源模糊综合评价 [J]. 中山大学学报（自然科学版），1996（2）：129-132.

[39] 程道品，林治. 模糊评价法在旅游资源评价中的应用 [J]. 桂林理工大学学报，2001，21（2）：186-190.

[40] 张纯，吕斌，孙莉. 游客体验的模糊综合评价方法——基于宜昌市景区的问卷调查 [J]. 旅游学刊，2007（4）：58-61.

[41] 杨珧，王川. 基于AHP-模糊综合评价法的农旅融合度分析——以恩施贡水白柚产业为例 [J]. 中国农业资源与区划，2021，42（1）：220-230.

[42] 李山，邱荣旭，陈玲. 基于百度指数的旅游景区络空间关注度：时间分布及其前兆效应 [J]. 地理与地理信息科学，2008（6）：102-107.

[43] 林志慧，马耀峰，刘宪锋，等. 旅游景区网络关注度时空分布特征分析 [J]. 资源科学，2012，34（12）：2427-2433.

[44] 王琪林，方怡，鄢继尧，等. 法定节假日四川旅游网络关注度时空分异及影响因素 [J]. 西南师范大学学报（自然科学版），2021，46（5）：64-72.

[45] 郝娟. 基于生态位测评的河北省区域旅游发展及空间格局研究 [D]. 秦皇岛：燕山大学，2010.

[46] 梁明珠. 城市旅游开发与品牌建设研究 [M]. 广州：暨南大

学出版社，2009.

［47］张颖．基于生态位理论的粤北地区旅游发展策略研究［J］．西南师范大学学报（自然科学版），2015（12）：53-58.

［48］汪侠，顾朝林，刘晋媛，等．旅游资源开发潜力评价的多层次灰色方法——以老子山风景区为例［J］．地理研究，2007（3）：203-213.

［49］伍新蕾．数据足迹视域下的南粤古驿道旅游地形象感知研究——以河源粤赣古驿道为例［J］．科技和产业，2020，20（6）：64-68.

［50］汪清蓉，余构雄．基于生态位的长三角区域旅游城市竞合态势及策略［J］．西南师范大学学报（自然科学版），2008，33（6）：112-118.

［51］于秋阳，冯学钢，范堃．基于DEA模型的长三角旅游产业效率差异的评价与对策研究［J］．经济论坛，2009（22）：59-63.

［52］黄丽英，刘静艳．基于DEA方法的我国高星级酒店效率研究［J］．北京第二外国语学院学报，2008，153（1）：59-62.

［53］文艳，郑向敏．基于DEA模型的旅游上市公司成本控制效率评价研究［J］．北京第二外国语学院学报，2013，213（1）：55-61.

［54］马晓龙，保继刚．基于DEA的中国国家级风景名胜区使用效率评价［J］．地理研究，2009，28（3）：839-847.

［55］冯学钢，杨勇，于秋阳．中国旅游产业潜力和竞争力研究［M］．上海：上海交通大学出版社，2012.

［56］张颖．基于DEA模型的广东省城市旅游经营效率研究［J］.

商业经济研究，2015（11）：140-143.

［57］黄光球，贺提胜．房地产企业技术创新能力辨析——基于DEA分析［J］．技术经济与管理研究，2010（S2）：46-49.

［58］王少华．基于生态位理论的河南省城市旅游竞争力评价与研究［J］．河南大学学报（自然科学版），2013，43（5）：533-539.

［59］孙海燕，孙峰华，吴雪飞，等．基于生态位理论的山东半岛蓝色经济区旅游业竞争力［J］．经济地理，2015，35（5）：198-203.

［60］韦福巍，黄荣娟，时朋飞．基于生态位理论的广西区域旅游协调发展研究［J］．西南师范大学学报（自然科学版），2018，43（10）：41-48.

［61］徐文燕，周玲．基于DEA方法的文化旅游资源开发利用效率评价研究——以2010年江苏文化旅游业投入产出数据为例［J］．哈尔滨商业大学学报（社会科学版），2013，130（3）：96-104.

［62］马秋芳．旅游地媒体符号的内容分析——以陕西省为例［J］．旅游科学，2011，25（3）：35-44.

［63］侯登华．共享经济下网络平台的法律地位——以网约车为研究对象［J］．中国政法大学学报，2017（1）：157-164.

［64］宋逸群，王玉海．共享经济的缘起、界定与影响［J］．教学与研究，2016，50（9）：29-36.

［65］佩珀斯，罗杰斯，钱峰．共享经济［M］．杭州：浙江大学出版社，2014.

［66］张颖．共享经济视角下的乡村温泉旅游地网络舆情研究——以

广东御临门温泉度假村为例［J］. 中国旅游评论，2017（2）：207-215.

［67］张文亭，骆培聪. 基于网络文本的目的地旅游形象感知与官方传播对比研究——以福建永定土楼为例［J］. 福建师范大学学报，2017，33（1）：90-98.

［68］张颖. 网络口碑视域下的生态旅游目的地形象感知研究——以广东万绿湖风景区为例［J］. 旅游研究，2016，8（6）：63-68.

［69］瑞安，李枚珍，王琳. 旅游科学研究方法：基于游客满意度的研究［M］. 北京：旅游教育出版社，2012.

［70］李志飞. 旅游购买行为——异地情境、体验营销与购后效应［M］. 武汉：华中科技大学出版社，2009.

［71］李庆雷，娄阳. 旅游共享经济的十个特征［J］. 党政视野，2016（7）：34-35.

［72］杨卫武，徐薛艳，刘嫄. 旅游演艺的理论与实践［M］. 北京：中国旅游出版社，2013.

［73］Hughes H L. Culture and tourism：A framework for further analysis［J］. Managing Leisure，2002（7）：164-175.

［74］Barbieri C，Mahoney E. Cultural tourism behavior and preferences among the live-performing arts audience：An application of the univorous-omnivorous framework［J］. International Journal of Tourism Research，2010，12（5）：481-496.

［75］李幼常. 国内旅游演艺研究［D］. 成都：四川师范大学，2007.

［76］徐淇. 国内大型主题性旅游演艺产品开发初探［D］. 上海：

华东师范大学，2009.

［77］李蕾蕾，张晗，卢嘉杰，等. 旅游表演的文化产业生产模式：深圳华侨城主题公园个案研究［J］. 旅游科学，2005，19（6）：44-51.

［78］陈西蕊. 基于改进熵权法的游客满意度评价方法及其应用［J］. 西安文理学院学报（社会科学版），2013，16（6）：74-78.

［79］连漪，汪侠. 旅游地顾客满意度测评指标体系的研究及应用［J］. 旅游学刊，2004，19（5）：9-13.

［80］廉同辉，余菜花，包先建，等. 基于模糊综合评价的主题公园游客满意度研究——以芜湖方特欢乐世界为例［J］. 资源科学，2012，34（5）：973-980.

［81］殷章馨，罗文斌. 旅游者城市感知特征实证研究——以长沙市为例［J］. 地域研究与开发，2013，32（4）：101-105.

［82］秦远好，刘德秀. 城镇居民对国内旅游服务质量感知评价研究［J］. 西南大学学报（自然科学版），2015，37（4）：47-54.

［83］张颖. 游客感知视角下旅游演艺体验满意度评价研究——以土楼全景剧场秀《家·源》为例［J］. 重庆文理学院学报（社会科学版），2017，36（1）：126-133.

［84］Oliver R L. A cognitive model of the antecedents and consequences of satisfaction decisions［J］. Journal of Marketing Research，1980，17（4）：460-469.

［85］何琼峰. 中国国内游客满意度的内在机理和时空特征［J］.

旅游学刊. 2011 (9): 45-52.

[86] Hughes K. Tourist satisfaction: A guided "cultural" tourist in Noah Queens land [J]. Australian Psychologist, 1991, 26 (3): 166-171.

[87] 郭玲霞，张勃，王亚敏，等. 兰州市旅游景区游客满意度研究 [J]. 经济地理. 2010 (9): 1580-1584.

[88] 张洪彬. 我国生态旅游产业集群研究 [D]. 西安：长安大学，2007.

[89] Cooper W W, Tone K. Measures of inefficiency in data envelopment analysis and stochastic frontier estimation [J]. European Journal of Operational Research, 1997 (2): 72-78.

[90] 程溪苹，孙虎. 基于IPA方法的中国历史文化名城游客满意度分析——以韩城市为例 [J]. 资源科学，2012 (7): 1318-1324.

[91] 张颖. 基于AHP-模糊综合评价法的生态旅游集聚区游客满意度研究 [J]. 安徽农业科学，2015，43 (23): 202-206.

[92] 曾飞文. 从零星发展到百花齐放：民宿渐成河源文旅新业态 [N]. 河源日报，2020-06-22 (12).

[93] 于凤霞，高太山，关乐宁，等. 共享住宿对城市经济社会发展影响的实证研究 [J]. 技术经济，2019 (7): 109-118.

[94] 冯严超. 中国旅游服务贸易转型升级探索——基于供给侧改革的思路 [J]. 哈尔滨商业大学学报（社会科学版），2016 (6): 106-120.

[95] 刘德光，徐守珺. 旅游体验营销的模式研究 [J]. 财贸经济，2006 (7): 30-33.

［96］杨瑜婷，何建佳，刘举胜．“乡村振兴战略”背景下乡村旅游资源开发路径演化研究——基于演化博弈的视角［J］．企业经济，2018（1）：24-30．

［97］张颖．乡村振兴战略背景下的茶旅融合发展研究［J］．四川旅游学院学报，2019（3）：43-45，50．

［98］刘月芳．基于产业融合的广东茶旅融合发展研究［J］．广西职业技术学院学报，2018（1）：83-87．

［99］张婕，黄仕坤．基于贵州茶旅体验的民宿发展模式研究［J］．福建茶叶，2017（7）：139-140．

［100］蒋红柳．欧盟破解人口老龄化问题探析［J］．西南民族大学学报（人文社会科学版），2014，35（5）：17-22．

［101］张颖．区域生态旅游与养老产业耦合发展研究［J］．前沿，2015（2）：113-116．

［102］杜壮，崔立勇．《“十三五”国家战略性新兴产业发展规划》发布——到2020年形成5个产值规模10万亿元级的新支柱产业［J］．中国战略新兴产业，2017（1）：20．

［103］王胜今，张少琛．“互联网+”背景下乡村生态旅游养老服务策略［J］．社会科学家，2020（9）：59-64．

［104］刘志军．异地养老型旅游目的地开发初探——以云南卧云仙居为例［J］．云南地理环境研究，2010，22（5）：24-28．

附图1　广东御临门温泉度假村（陈仕平摄）

附图2　和平热龙温泉（陈仕平摄）

附图3　苏家围1（陈仕平摄）

附图4　苏家围2（陈仕平摄）

附图5　南园古村1（陈仕平摄）

附图6　南园古村2（陈仕平摄）

附图7　广东巴伐利亚庄园（陈仕平摄）

附图8　广东巴伐利亚庄园土楼全景剧场秀《家·源》

附图9　万绿湖1（陈仕平摄）

附图10　万绿湖2（陈仕平摄）

附图11　河源民宿代表——到吉宿（陈仕平摄）